现代化新征程丛书

隆国强　总主编

HIGH-QUALITY DEVELOPMENT

Typical Cases I

高质量发展

典型案例（一）

庞清辉　王忠宏　主编

中国发展出版社
CHINA DEVELOPMENT PRESS

图书在版编目（CIP）数据

高质量发展：典型案例. 一 / 庞清辉，王忠宏主编
. — 北京：中国发展出版社，2023.2
ISBN 978-7-5177-1359-3

Ⅰ. ①高… Ⅱ. ①庞… ②王… Ⅲ. ①中国经济—经济发展—研究 Ⅳ. ①F124

中国国家版本馆CIP数据核字（2023）第022802号

书　　名：高质量发展：典型案例（一）
主　　编：庞清辉　王忠宏
执行主编：胡国良　吴　思　牛禄青
责任编辑：吴　佳　耿瑞蝶
出版发行：中国发展出版社
联系地址：北京经济技术开发区荣华中路22号亦城财富中心1号楼8层（100176）
标准书号：ISBN 978-7-5177-1359-3
经 销 者：各地新华书店
印 刷 者：北京博海升彩色印刷有限公司
开　　本：710mm × 1000mm　1/16
印　　张：15
字　　数：200千字
版　　次：2023年2月第1版
印　　次：2023年2月第1次印刷
定　　价：68.00元

联系电话：（010）68990625　82097226
购书热线：（010）68990682　68990686
网络订购：http://zgfzcbs. tmall. com
网购电话：（010）88333349　68990639
本社网址：http://www.develpress. com
电子邮件：15210957065@163.com

丛书联合编制单位

国务院发展研究中心企业研究所

国研智库

中国国际工程咨询有限公司

工业和信息化部电子第五研究所（服务型制造研究院）

中国社会科学院工业经济研究所

机械工业经济管理研究院

航天云网科技发展有限责任公司

苏州大学北京研究院

浙江工业大学

阿里研究院

之江智慧场景研究中心

《高质量发展：典型案例（一）》编委会

总　序

党的二十大报告提出："从现在起，中国共产党的中心任务就是团结带领全国各族人民全面建成社会主义现代化强国、实现第二个百年奋斗目标，以中国式现代化全面推进中华民族伟大复兴。"当前，世界之变、时代之变、历史之变正以前所未有的方式展开，充满新的历史机遇和挑战，全球发展的不确定性不稳定性更加突出，全方位的国际竞争更加激烈。面对百年未有之大变局，我们坚持把发展作为党执政兴国的第一要务，把高质量发展作为全面建设社会主义现代化国家的首要任务，完整、准确、全面贯彻新发展理念，坚持社会主义市场经济改革方向，坚持高水平对外开放，加快构建以国内大循环为主体、国内国际双循环相互促进的新发展格局，不断以中国的新发展为世界提供新机遇。

习近平总书记指出，今天，我们比历史上任何时期都更接近、更有信心和能力实现中华民族伟大复兴的目标。中华民族已完成全面建成小康社会的千年夙愿，开创了中国式现代化新道路，为实现中华民族伟大复兴提供了坚实的物质基础。现代化新征程就是要实现国家富强、民族振兴、人民幸福的宏伟目标。在党的二十大号召下，全国人民坚定信心，同心同德、埋头苦干、奋勇前进，为全面建设社会主义现代化国家，实现第二个百年奋斗目标，全面推进中华民族伟大复兴而团结奋斗。

走好现代化新征程，是站在新的历史方位，推进实现中华民族伟大复兴。党的十八大以来，中国特色社会主义进入新时代，这是我国发展新的历史方位。从宏观层面来看，走好现代化新征程，需要站在新的历史方位，在客观认识、准确把握当前党和人民事业所处的发展阶段基础上，主动适应大国经济阶梯式递进、螺旋式上升和经济高质量发展要求，不断推动我国社会主义从初级阶段向更高阶段迈进。从中观层面来看，走好现代化新征程，需要站在新的历史方位，明晰我国参与国际竞合比较优势的变化，通过深化供给侧结构性改革，对内解决好发展不平衡不充分问题，对外化解外部环境新矛盾新挑战，形成对全球要素资源的强大吸引力、在激烈国际竞争中的强大竞争力、在全球资源配置中的强大推动力，在高水平自立自强基础上塑造参与国际竞合新优势的战略部署。从微观层面来看，走好现代化新征程，需要站在新的历史方位，坚持系统观念和辩证思维，坚持两点论和重点论相统一，以“把握主动权、下好先手棋”的思路，充分依托我国超大规模市场优势，培育和挖掘内需市场，推动产业结构优化和转型升级，提升产业链供应链韧性，增强国家的生存力、竞争力、发展力、持续力，确保中华民族伟大复兴进程不迟滞、不中断。

走好现代化新征程，要把各国现代化的共同特征和我国国情相结合。实现现代化是世界各国人民的共同追求。随着经济社会的发展，人们越来越清醒地认识到，现代化虽起源于西方，但各国的现代化道路不尽相同，世界上没有放之四海而皆准的现代化模式。因此，走好现代化新征程，要把各国现代化的共同特征和我国具体国情相结合。我们要坚持胸怀天下，拓展世界眼光，深刻洞察人类发展进步潮流，以海纳百川的宽阔胸襟借鉴吸收人类一切优秀文明成果。坚持从中国实际出发，不断推进和拓展中国式现代化。党的二十大报告系统阐述了中国式现代化的五大特征，即中国式现代化是人口规模巨大的现代化，是全体人民共同富裕的现代化，是物质文明和精神文明相协调的现代化，是人与自然和谐共生的现代化，是走和平发展道路的现代化。中国式现代化的五大特征，反映出我们的现代化新征程是基于大国经济，按照中国特色社会主义制度的本质要求，实现长期全面、绿色可持续、和平共赢的现代化。此外，党的二十大报告提出了中国式现代化的九方面本质要求，即坚持中国共产党领导，坚持中国特色社会主义，实现高质量发展，发展全过程人民民主，丰富人民精神世界，实现全体人民共同富裕，促进人与自然和谐共生，推动构建人类命运共同体，创造人类文明新形态。这既是我们走好现代化新征程的实践要求，也为我们指明了走好现代化新征程的领导力量、实践路径和目标责任，为我们准确把握中国式现代化核心要义，推动各方面工作向着复兴目标迈进提供了根本遵循。

走好现代化新征程，需要完整、准确、全面贯彻新发展理念，着力推动高质量发展，加快构建新发展格局。党的二十大报告提出，“我国发展进入战略机遇和风险挑战并存、不确定难预料因素增多的时期”。当前及今后一段时间，我国将面临“新的动荡变革”的国际大环境。新发展理念瞄准我国经济社会发展不同方面存在的突出矛盾，为筑牢经济社会发展根基提供了方向指引。要完整、准确、全面贯彻新发展理念，让创新成为第一动力、协调成为内生特点、绿色成为普遍形态、开放成为必由之路、共享成为根本目的，努力实现高质量发展。要统筹国际国内两个大局，统筹发展与安全两件大事，增强国内大循环内生动力和可靠性，提升国际循环质量和水平，增强国内国际两个市场两种资源联动效应，加快构建以国内大循环为主体、国内国际双循环相互促进的新发展格局。

走好现代化新征程，必须全面深化改革开放。改革开放为我国经济社会发展注入了强劲动力，是决定当代中国命运的关键一招。改革开放以来，我国经济社会发展水平不断提升，人民群众的生活质量不断改善，经济发展深度融入全球化体系，创造了举世瞩目的伟大成就。推进中国式现代化，必须坚持深化改革开放。党的二十大报告提出，要“深入推进改革创新”，“着力破解深层次体制机制障碍”，彰显了在现代化新征程上党和国家对全面深化改革的决心。党的十八大以来，我国进入全面深化改革阶段，改革征程上面临的多是难啃的硬骨头、棘手复杂的问题，在将经济社会发展推向新高度的同时，一系列新的时代命题应运而生。走好现代化新征程，需要全面深化改革，大力推进供给侧结构性改革，进一步优化我国经济结构，不断激发市场活力，提升经济发展的韧性、抵御外部风险的能力。对外开放是我国的基本国策，走好现代化新征程，要坚定不移扩大对外开放，提升贸易投资合作质量和水平，稳步扩大规则、规制、管理、标准等制度型开放，营造市场化、法治化、国际化一流营商环境，大力吸引全球资源要素，增强国内国际联动效应，加快构建新发展格局，以高水平开放促进高质量发展。

知之愈明，则行之愈笃。走在现代化新征程上，我们出版“现代化新征程丛书”，是为了让社会各界更好地把握当下发展机遇、面向未来开创新篇，以奋斗姿态、实干业绩助力中国式现代化开创新篇章。具体来说，主要有三个方面的考虑。

一是学习贯彻落实好党的二十大精神，为推进中国式现代化凝聚共识。党的二十大报告阐述了开辟马克思主义中国化时代化新境界、中国式现代化的中国特色和本质要求等重大问题，擘画了全面建成社会主义现代化强国的宏伟蓝图和实践路径，就未来5年党和国家事业发展制定了大政方针、作出了全面部署，是中国共产党团结带领全国各族人民夺取新时代中国特色社会主义新胜利的政治宣言和行动纲领。此套丛书，以习近平新时代中国特色社会主义思想为指导，认真对照党的二十大报告，从报告原文中找指导、从会议精神中找动力，用行动践行学习宣传贯彻党的二十大精神。

二是交流高质量发展的成功实践，为推进中国式现代化汇聚众智。来自12家智库的专家参与本套丛书的编写。本套丛书立足中国式现代化的时代特征和发展要求，直面各个地区、各个部门面对的新情况、新问题，总结借鉴国际国内现代化建设的成功经验，系统地构建了前沿产业、商业环境、发展空间、基础设施“四位一体”的发展思路。丛书内容注重实用性、可操作性，努力打造成为地方政府和企业管理层看得懂、学得会、用得了的使用指南。

三是探索未来发展新领域新赛道，为推进中国式现代化注入新动能。面对百年未有之大变局，数字化转型与绿色化转型加速推进，为我国发展带来新的战略机遇。本套丛书面向未来，深入探索未来发展新领域新赛道，系统分析前沿产业发展的新潜力，为我国发展前沿产业提供新借鉴，为推进中国式现代化注入新动能。

“现代化新征程丛书”主要面向党员领导干部、企事业单位管理层和专业研究人员等读者群体，致力于丰富读者知识素养，拓宽其眼界格局，提升其执政能力、研究能力和实践能力。在丛书编制过程中，重点坚持以下三个原则：一是坚持政治性，把坚持正确的政治方向摆在首位，坚持以党的二十大精神为行动指南，确保相关政策文件、编选编排、相关概念的准确；二是坚持前沿性，丛书选题充分体现鲜明的时代特征，面向未来发展重点领域，内容充分展现现代化新征程的新机遇、新要求、新举措；三是坚持实用性，丛书编制注重理论与实践的结合，特别是用新的理论要求指导新的实践，内容突出针对性、示范性和可操作性。

“现代化新征程丛书”按照“四位一体”架构进行设计，第一期包含十余种图书，主要涵盖四个方面：前沿产业、商业环境、发展空间、基础设施。其中，“前沿产业”主题有“未来产业”“新金融”“服务型制造”“氢能产业”“元宇宙”“扎根实体经济”“制造新模式”；“商业环境”主题有“优化营商环境”；“发展空间”主题有“未来社区”“新型工业化基地”“先进制造业集群”；“基础设施”主题有“新基建”；此外，丛书编委会根据前期调研，撰写了“高质量发展典型案例”。

相知无远近，万里尚为邻。我们希望通过此套丛书，加强智库与智库、智库与传播之间协作，促进智库研究机构与智库传播机构的高水平联动，构建智库型出版产业体系和生态系统，实现“智库引领、出版引路、路径引导”，共同助力高质量发展，为全面建成社会主义现代化强国、实现第二个百年奋斗目标作出积极贡献！

隆国强

国务院发展研究中心副主任、党组成员

2023 年 1 月

以高质量发展全面推进中国式现代化

党的二十大报告明确提出，实现高质量发展是中国式现代化的本质要求之一，高质量发展是全面建设社会主义现代化国家的首要任务。这是在深入分析我国发展新的历史条件和战略阶段、全面认识和把握我国现代化建设客观进程以及各国现代化建设一般规律的基础上，作出的一个具有全局性、长远性和战略性意义的重大判断。在全面建设社会主义现代化国家新征程中，必须以高质量发展全面推进中国式现代化，这也是新时代全面建成社会主义现代化强国的重大理论和实践命题。

实现现代化是中华民族孜孜不倦的追求，改革开放以来，党中央对现代化的追求贯穿了经济社会发展提升的全过程。新时代的发展已经从高速增长阶段转向高质量发展阶段，这是我们党坚持转变发展理念和不断推进实践创新的结果。新时代新征程，我们要认真学习领会高质量发展的历史逻辑、深刻内涵和实践要求，全面贯彻习近平新时代中国特色社会主义思想，坚定不移把思想和行动统一到以习近平同志为核心的党中央决策部署上来，切实把推动高质量发展贯彻到经济社会发展的全过程各领域，让经济、社会、文化、生态等各方面都体现高质量发展的内涵要求。

近日，庞清辉教授和王忠宏社长主编的《高质量发展：典型案例(一)》一书，可谓恰逢其时。这本书既坚持政治性、前沿性，又注重实用性、可操作性；不仅对高质量发展的时代背景与内涵认知进行了深入阐释，还选取地方和企业实践案例为高质量发展作出生动注解。尤为重要的是，本书关于高质量发展的“七点启示”和“七大建议”，对于深刻理解高质量发展的全局和长远意义，认真贯彻落实推动高质量发展的战略部署，不断开创经济社会发展新局面，具有重要借鉴意义。

首先，贯彻党的二十大精神，聆听时代呼声，坚定不移走高质量发展之路是时代主题。党的十八大以来，以习近平同志为核心的党中央立足新发展阶段，明确提出了全面贯彻新发展理念、加快构建新发展格局、实现高质量发展的重大思想。党的二十大报告对推动高质量发展作出战略部署，要求构建高水平社会主义市场经济体制、建设现代化产业体系、全面推进乡村振兴、促进区域协调发展、推进高水平对外开放。高质量发展是“十四五”乃至更长时期我国经济社会发展的主题，关系我国社会主义现代化建设全局。奋进新征程，必须把发展质量问题摆在更为突出的位置，着力提升发展质量和效益，把思想和行动统一到党的二十大重大决策部署上来，以中国式现代化全面推进中华民族伟大复兴。

其次，精准选取案例，解析发展规律，推广有特色的高质量发展方案。在新时代10年推动高质量发展的进程中，形成和积累了很多弥足珍贵的实践经验。企业和地方政府是践行我国高质量发展的重要主体，是实施发展的关键执行层，它们对高质量发展的践行决定了我国高质量发展的总体水平。本书选取了一些可供参考借鉴的典型案例，通过对这些案例的深入剖析，为其他地区和企业推动高质量发展提供有益借鉴，为解决高质量发展中的难题提供更多具有特色的方案。

最后，服务战略部署，助推决策实施，积极开展前瞻性、对策性研究。高质量发展是一项复杂的系统工程，近年来地方和企业的实践为进一步推进高质量发展带来了深刻启示。按照党中央决策部署，针对高质量发展面临的实际问题，需要我们进一步理清思路，找准发展中面临的矛盾，坚持问题导向、目标导向，加强调查研究，务实开展工作，加快推动各方面工作转入高质量发展轨道。推动经济实现质的有效提升和量的合理增长，必须全面深化改革，把实施扩大内需战略同深化供给侧结构性改革有机结合起来，增强国内大循环内生动力和可靠性，提升国际循环质量和水平，加快建设现代化经济体系，着力提高全要素生产率，着力提升产业链供应链韧性和安全水平，着力推进城乡融合和区域协调发展，让创新成为第一动力、协调成为内生特点、绿色成为普遍形态、开放成为必由之路、共享成为根本目的。

《高质量发展：典型案例（一）》一书，内容丰富、结构严谨、条理明晰，是一部兼具理论性和实践性的著作。该书对于如何把高质量发展贯穿经济社会发展的各个方面和各个环节，全面推动高质量发展，具有重要借鉴意义。

魏礼群

国务院研究室原主任，原国家行政学院党委书记、常务副院长

2023 年 2 月

前　言

党的二十大报告指出，高质量发展是全面建设社会主义现代化国家的首要任务。这是以习近平同志为核心的党中央根据我国发展阶段、发展环境、发展条件的变化作出的科学判断，是对新时代新征程如何发展、怎样发展提出的重大命题。

党的十八大以来，在习近平总书记提出的以人民为中心的发展思想和创新、协调、绿色、开放、共享的新发展理念科学指引下[①]，我国经济发展平衡性、协调性、可持续性明显增强，迈上更高质量、更有效率、更加公平、更可持续、更为安全的发展之路。经济保持中高速增长，产业结构持续优化，产业逐步迈向中高端水平，新技术、新业态、新模式蓬勃涌现；创新驱动实现新跃升，科技投入不断增加，创新人才和科研体系不断完善，前沿创新能力建设成效显著，一些关键核心技术实现突破；生态环境保护发生历史性、转折性、全局性变化，能源消费总量实现规划目标，清洁能源稳步发展，水资源消耗实现总量减少，生态环境持续改善；国家安全体系和能力现代化得到进一步加强；长江经济带、西部大开发、东北老工业基地振兴等一批区域发展战略取得显著成效。新时代十年发展的历史性成就，同样是不断探索高质量发展的重要成就。

---

① 习近平：《全党必须完整、准确、全面贯彻新发展理念》，《求是》2022 年第 16 期。

与此同时，我国经济发展的一些领域和环节仍然存在诸多薄弱之处，发展的独立性、自主性、安全性尚需进一步加强。在创新驱动方面，科技创新机制和创新生态有待完善，一些领域关键核心技术受制于人的问题还比较突出；在区域发展方面，发展不均衡的问题仍然存在，欠发达地区的转型发展与产业布局还需要进一步破题；在绿色低碳发展方面，协调统筹经济发展和生态环保面临更严峻的考验和艰难的选择，能源结构转型还需要技术和体制机制等方面的创新突破；在发展安全方面，全球安全形势面临难以预料的多重风险和隐患，同时我国产业链供应链很多环节对外依存度仍然居高；等等。

解决我国经济发展的深层次矛盾和问题，必须对发展提出更高的要求，将发展的质量摆在更为突出的位置。我们党审时度势，及时作出我国经济已由高速增长阶段转向高质量发展阶段这一重大论断，把高质量发展确定为全面建设社会主义现代化国家的首要任务。这是适应我国社会主要矛盾变化的科学判断，是遵循经济规律发展的必然要求，是保持我国经济持续健康发展的不二之选，也是全面建设社会主义现代化国家、全面推进中华民族伟大复兴的必由之路。

按照党中央决策部署和高质量发展面临的实际问题，需要我们厘清思路，深入理解高质量发展的核心要义，寻找切实可行的发展路径和发展模式，为全国各地区、各领域的高质量发展提供参考借鉴。本书通过梳理高质量发展典型案例，旨在展示高质量发展成就，总结高质量发展经验，助力我国经济社会高质量发展。

本书共选取了上海自贸试验区临港新片区、浙江自贸试验区舟山片区、南京市六合区、肇庆高新区、中国三峡集团、永定河公司、盐湖股份和腾讯公司8个高质量发展典型案例，兼顾了各个地区、各种性质的不同主体。上海自贸试验区临港新片区是新近成立的发展平台，地处我国经济发展和开放创新的最前沿，其发展历程和经验可以为高水平开放带动高质量发展提供样板。浙江自贸试验区舟山片区是在特定领域发展的典型案例，其在大宗商品领域已经形成独特的比较优势，产生了大量制度创新成果和改革经验。南京市六合区原来是发达地区的"经济洼地"，借助长三角一体化等区域发展战略机遇，成为后发变先发的典型案例。肇庆高新区同样是后发地区，在粤港澳大湾区建设的大背景下，抓住新能源汽车发展机遇，实现了新能源智能汽车产业的跨越式发展。中国三峡集团是全球最大的水电开发运营企业和我国领先的清洁能源央企，为我国能源转型和生态保护作出了重大贡献。永定河公司是国内首家由国家顶层设计推动，以流域为单元、跨省级行政区划的流域治理投资公司，在永定河流域治理中探索取得了众多改革创新成果。盐湖股份是我国资源领域的老牌国企，坚持绿色低碳发展理念，在新时期通过一系列创新举措焕发出新的发展生机。腾讯公司作为大型民营企业以及互联网龙头企业，以数字技术赋能实体经济发展，是我国数字经济领域高质量发展的代表性企业。以上案例，在不同地区、领域和行业具有一定代表性和可借鉴性。

这 8 个案例是我们选取的第一期高质量发展案例，后续我们将持续关注并选出更多具有代表性和借鉴价值的高质量发展案例，希望能够与更多的地方和企业开展合作，不断丰富我们的案例库，共同为高质量发展提供更多可借鉴的经验和实践样板。

本书是 2021 年国研智库"高质量发展典型案例"课题的研究成果。作为集体努力的成果，本书在编写过程中，得到了案例相关单位以及合作方领导和专家的大力支持，广东省人民政府发展研究中心阙志兴，国研智库耿晋梅、孙大卫、麻鑫鑫、赵蕊，中国人民大学农业与农村发展学院魏广成以及陈俊国、晁守成、刘舜昀、吴光亚等参与了课题研究与写作工作，在此一并表示衷心的感谢。

目　录

第一章

高质量发展的时代背景、内涵认识与实践案例

高质量发展是全面建设社会主义现代化国家的首要任务。要深刻领会高质量发展的核心要义，把高质量发展贯穿到经济社会发展的各个方面和环节。

一、高质量发展是时代发展主题

当前我国已开启全面建设社会主义现代化国家新征程。高质量发展是全面建设社会主义现代化国家的首要任务，实现高质量发展是中国式现代化的本质要求之一。

（一）高质量发展是遵循经济规律发展的必然要求

首先，雄厚的经济物质基础为我国高质量发展打下了坚实的基础。经历了经济高速增长阶段后，我国居民收入水平和生活水平获得极大提升，消费逐渐向多元化、个性化、高端化方向发展，消费升级带来的市场变化，既是发展的成果，也为经济的进一步升级提供了重要的动力和空间，为高质量发展打下了坚实的基础。

其次，当下我国经济增长方式的转变已经进入关键期，迫切要求高质量发展给予有力支撑。改革开放以来，以规模高速扩张为主的粗放式增长方式，对我国生产能力的释放已达到相当程度，原有的经济发展路径面临难以持续的挑战。从中长期看，我国面临着资源、劳动力、市场需求 3 个方面的约束。一是粗放式增长资源消耗大，资源开发及生态维护的限制难以支撑长期增长；二是社会老龄化带来的影响日趋显现，人口红利逐渐减少，劳动力成本上升，在国际市场上，低成本、低价格的产品竞争优势难以维持；三是在产品规模快速增长的条件下，我国中低端产品的内需市场逐渐饱和，出现供给过剩情形，而中高端产品难以满足现有消费升级的需求。同时，外需市场受到诸多不稳定因素影响，风险大且不可控，导致产品市场出现结构性供给过剩，市场需求难以驱动经济长期增长。随着我国经济增速从高速向中速转变，对经济发展质量和效益的要求更高，高质量发展已经成为经济转型的内在要求，是实现长期可持续发展的必然要求。

最后，发展中出现的经济结构性失衡问题需要高质量发展来解决。一是区域发展、城乡发展、产业结构等多方面的不平衡问题仍然严峻；二是在生产、分配、消费、流通等经济循环的各个环节存在诸多堵点和薄弱环节；三是在我国经济增长的贡献中，投资占据重要位置，消费的贡献相对不足，生产和消费的结构比例不平衡，以消费为主的内需市场没有充分释放；等等。这些问题要求我们将经济发展的重点从追求规模增长转变为规模、结构、质量、效益的协调发展，在高质量发展中解决原有经济发展模式带来的结构性失衡问题。

（二）高质量发展是应对百年未有之大变局的科学选择

当前，世界政治经济格局正在发生根本性变化。全球治理体系和国际秩序面临重构，全球化分工进入新的阶段，国际力量对比发生显著变化，大国博弈向更深更广领域扩大，国际形势的不稳定性和不确定性更加突出。应对外部变化，我国唯有以高质量发展抓住机遇，迎接挑战。

首先，国际产业分工格局演变要求我国高质量发展。当前，单边主义、保护主义持续蔓延，国际贸易争端不断发酵，美国等发达国家大力推进制造业回流，一些发展中国家积极承接产业转移，全球供应链、价值链、产业链加紧重塑，全球围绕市场、产业的争夺更加激烈，这对我国重塑实体经济竞争优势提出紧迫要求，要求我国加快创新体系建设，以科技创新为核心，推动产业从中低端向中高端升级，提升在世界产业分工中的地位。

其次，全球经济发展的不确定性和不稳定性增加，对高质量发展要求更加紧迫。近年来，国际社会中的竞争性和对抗性显著增强，国际合作的不确定性突出，外部风险持续加大，我国供应链、产业链、创新链的安全稳定受到威胁。应对外部风险，我国要以高质量发展增强自身产业韧性，推动核心竞争力提升，提高我国经济发展的安全稳定性。

最后，数字化、智能化全球趋势要求我国高质量发展。21 世纪以来，全球科技进入空前密集活跃的时期，技术日新月异，深刻改变了全球经济结构和产业分工。以大数据、云计算、物联网以及人工智能为代表的新一轮科技革命和产业变革有望助推全球新一轮经济繁荣，数字经济作为新的经济形态将是未来经济增长的重要动力源。面对日新月异的科技发展趋势，创新将成为决定一个地区未来分工地位的核心因素。为适应新趋势，我国必须加快推动开放创新，构建未来新兴产业体系和创新体系中的发展优势。

（三）高质量发展的基本要求

高质量发展是体现发展理念的发展，实现高质量发展，必须坚持创新、协调、绿色、开放、共享的新发展理念。习近平总书记指出，高质量发展，就是能够很好满足人民日益增长的美好生活需要的发展，是体现新发展理念的发展，是创新成为第一动力、协调成为内生特点、绿色成为普遍形态、开放成为必由之路、共享成为根本目的的发展[①]。高质量发展要解决当前我国发展遇到的矛盾与问题，新发展理念是一整套方法论，提供了解决思路。其中，创新是解决我们发展中从“够不够”“快不快”到“好不好”问题的关键手段，创新的理念和实践要融入发展的各个层面和领域。协调是发展的必然要求，也是当前我国发展方式方法和目标要求中必须关注的重点。绿色既是发展的基本底色，也是当前发展的重要发力点，为传统产业和传统模式提供新的空间和思路。开放是必然趋势，也是发展中解决资源联通、效率提升的重要路径。共享体现了我国发展的根本宗旨，也指明了发展的方向。

高质量发展是发展方式的转变，要推动质量变革、效率变革、动力变革。习近平总书记提出，以推动高质量发展为主题，必须坚定不移贯彻新发展理念，以深化供给侧结构性改革为主线，坚持质量第一、效益优先，切实转变发展方式，推动质量变革、效率变革、动力变革，使发展成果更好惠及全体人民，不断实现人民对美好生活的向往[②]。转变经济发展方式是我国可持续发展、安全发展、向更高水平发展的必然要求。推动质量变革就是要把发展的重点放到质的提升上，树立质量第一的意识，全面提升发展质量，推动实现量的合理增长和质的稳步提升。

---

① 习近平：《习近平谈治国理政》第三卷，外文出版社，2020。

② 习近平：《习近平谈治国理政》第四卷，外文出版社，2022。

效率是经济发展的基础，效率变革关键是提高资源的配置效率和利用效率，实现劳动生产率、全要素生产率、投资回报率提升。动力变革是从主要依靠投资、出口拉动的经济增长向依靠消费、投资、出口协调拉动转变。这个转变的关键是消费的增加，打通消费环节、释放消费潜力、提升消费能力。动力变革还体现在依靠资源消耗转向依靠科技进步、劳动者素质提高、管理创新改变。

高质量发展要坚持以推进供给侧结构性改革为主线。习近平总书记提出，我国不是需求不足，或没有需求，而是需求变了，供给的产品却没有变，质量、服务跟不上。有效供给能力不足带来大量“需求外溢”，消费能力严重外流。解决这些结构性问题，必须推进供给侧改革①。结构性失衡问题是当前我国经济发展需要解决的重要问题。推进供给侧结构性改革是在全面分析国内经济阶段性特征的基础上调整经济结构、转变经济增长方式的治本良方，是培育增长新动力、形成先发新优势、实现创新引领发展的必然要求。我国当前的供给结构未能跟上居民消费升级的变化，高水平供给不足，低水平供给相对过剩，导致消费外流，对我国国民经济循环形成一定影响。深化供给侧改革是推动我国经济结构协调、内外循环畅通的重要手段。

二、对高质量发展的认识②

“十四五”时期，推进实现高质量发展，应结合党的十八大以来党

---

① 习近平：《习近平谈治国理政》第二卷，外文出版社，2017。

② 本部分来自国研智库“高质量发展典型案例”调研组：《全面准确把握八大方面 谱写高质量发展新篇章》，《中国经济报告》2021 年第 6 期。

中央关于高质量发展的要求，从统筹发展与安全、保持韧性增长、科技自立自强、立足国内市场、高水平开放、深化改革、绿色低碳发展、共同富裕 8 个方面准确把握高质量发展，谱写高质量发展新篇章。

第一，统筹发展与安全是前提。习近平总书记提出，坚持统筹发展和安全，坚持发展和安全并重，实现高质量发展和高水平安全的良性互动[①]。必须加强统筹协调，坚持系统观念。面对复杂、动荡、不确定的世界局势，必须正确认识和把握防范化解重大风险，坚持统筹发展和安全，增强机遇和风险意识，有效防范化解各类风险挑战，保障政治、经济、文化、社会、生态以及能源、粮食、网络、科技等领域安全。一是正确认识和把握防范化解重大风险。强化金融风险保障能力建设，加强金融法治建设，完善金融风险处置机制，保障国家金融安全，促进经济和金融良性循环、健康发展。二是牢牢把握粮食安全主动权。深入实施“藏粮于地”“藏粮于技”战略，严守 18 亿亩耕地红线，打好种业翻身仗，稳定种粮农民补贴，加强粮食生产功能区和重要农产品生产保护区建设，优化农产品贸易布局，实施农产品进口多元化战略，支持企业融入全球农产品供应链。三是增强国内资源生产保障能力。正确认识和把握初级产品供给保障，加快构建废弃物循环利用体系，加快推进资源先进开采技术的开发与应用。四是健全公共安全保障体系。推进公共安全网络建设，提高公共安全体系精细化水平，全面提升公共安全保障能力，构建安全保障性社会，找准预防控制和经济社会发展的平衡点，有序推动企业稳产，为稳定经济社会大局提供有力支撑，实现国家公共安全治理体系和治理能力的现代化。

第二，保持韧性增长是基础。习近平总书记提出，实现有质量有效

① 习近平：《习近平谈治国理政》第四卷，外文出版社，2022。

益的速度，实现实实在在没有水分的速度[①]。质量和速度不是对立的关系。保持韧性增长是经济新旧动能加速转换、发展协调性日益增强、增长持续性不断集聚的重要体现，也是立足新发展阶段、贯彻新发展理念、构建新发展格局、推动高质量发展的重要基础。一是推动经济实现质的稳步提升和量的合理增长。“十四五”规划提出，到2035年实现经济总量或人均收入翻一番目标，推动高质量发展需要齐抓经济发展的“质”和“量”。二是正确认识和把握资本的特性和行为规律，发挥资本作为生产要素的积极作用，规范和引导资本健康发展。三是继续做好“六稳”“六保”工作，提高全员劳动生产率，提升人力资本水平，以人才要素推动经济高质量发展。四是调整优化产业结构。提升制造业核心竞争力，促进传统产业数字化转型，推进制造业与服务业深度融合，加快培育战略性新兴产业，积极布局未来产业。

第三，科技自立自强是关键。习近平总书记提出，中国要强盛、要复兴，就一定要大力发展科学技术，努力成为世界主要科学中心和创新高地[②]。科技自立自强是打通双循环“堵点”的根本支撑，是立足新发展阶段、贯彻新发展理念、构建新发展格局、推动高质量发展的关键要义。一是强化科技自主创新能力。制定实施基础研究十年规划，加强基础研究和原始创新，加快突破“卡脖子”技术难题，提升产品国际竞争力，充分保障产业链供应链安全。二是强化国家战略科技力量。完善科技攻关体制机制建设，加强创新链与产业链的对接，围绕产业链部署创新链，围绕创新链布局产业链，培育发展新动能，提升产业发展现代化水平。三是加强国际科技交流与合作。继续开展国际科技合作，集成全球先进技术，加快推进制度型开放，促进技术国际化和经济全球化，抢

① 《习近平在福建调研　强调全面深化改革全面推进依法治国　为全面建成小康社会提供动力保障》，《人民日报》2014年11月3日。

② 习近平：《习近平谈治国理政》第三卷，外文出版社，2020。

抓新一轮科技革命机遇，以全球视野谋划和推动创新，全方位加强国际科技创新合作。四是培育科技创新重点产业优势。加快推进高端装备制造、智能制造、新能源等战略性新兴产业，形成更多新的增长点、增长极，抢占未来科技和产业发展制高点。五是推动形成数字经济全球创新链。推动产业链深度融合与价值链重构，搭建更具多元化的全球创新网络，提升我国整体国际竞争力。

第四，立足国内市场是重点。习近平总书记提出，在当前国际形势充满不稳定性不确定性的背景下，立足国内，依托国内大市场优势，充分挖掘内需潜力，有利于化解外部冲击和外需下降带来的影响，也有利于在极端情况下保证我国经济基本正常运行和社会大局总体稳定[①]。立足国内大循环是推进主场经济全球化战略的必要保证，是立足新发展阶段、贯彻新发展理念、构建新发展格局、推动高质量发展的着力点。在当前战略格局下，国内市场将成为我国参与全球化的重要抓手。一是坚定不移推进扩大内需的战略基点。充分挖掘国内市场消费潜力，重点提升传统消费、培育新兴消费，鼓励发展线上线下融合的消费模式。二是协调缩小区域发展差距。引导各地区依托比较优势构建差异化、阶梯式的供给体系，提供多层次的有效供给，有效促进供给体系、需求结构、流通网络及发展环境提质升级，全方位支撑以国内大循环为主体、国内国际双循环相互促进的新发展格局。三是提升新型城镇化建设质量。引导农村居民到城镇就业创业，全面推进乡村振兴，完善配套基本公共服务，完善以居住证为载体的公共服务机制。四是集聚海内外先进生产要素。利用国内市场集聚先进生产要素，吸引国外先进人才、技术为国内产业转型升级服务，鼓励中国企业走出去，进一步挖掘市场潜力。五是构建开放竞争的市场体系。畅通国内大循环，重在突破供给约束堵

① 习近平：《习近平谈治国理政》第四卷，外文出版社，2022。

点，打破地区封锁和行业垄断，破除市场壁垒和体制机制障碍，打通生产、分配、流通、消费各个环节，加快形成统一开放、竞争有序的市场体系。

第五，高水平开放是动力。习近平总书记强调，中国将继续提高对外开放水平，建设更高水平开放型经济新体制，持续打造市场化、法治化、国际化营商环境[①]。高水平开放是塑造我国参与国际竞争与合作新优势、畅通国际外循环的重要抓手，是立足新发展阶段、贯彻新发展理念、构建新发展格局、推动高质量发展的重要动力。一是推动共建“一带一路”高质量发展。重视与“一带一路”相关国家和地区发展战略和基本利益的对接，推动参与“一带一路”建设，搭建东西开放新通道。二是赋予自贸试验区（港）更大改革自主权。进一步加大对自贸试验区（港）深化改革创新的支持力度，不断提升贸易便利化水平。三是全面参与制定国际贸易新规则。积极维护多边贸易体制，完善涉外经济法律体系，推动构建由我国主导的高标准国际贸易制度框架，营造健康有序的国内国际投资环境，推动相关领域新一轮全球化进程，实现更高质量的国内国际双循环。四是扩大高水平对外开放。推动制度型开放，强化与国际投资规则对接，继续缩减外商投资负面清单，继续促进外商投资便利化，落实好外资企业国民待遇，吸引更多跨国公司投资，吸引高水平外资投向国内产业。

第六，深化改革是保障。习近平总书记提出，在新时代，中国人民将继续自强不息、自我革新，坚定不移全面深化改革，逢山开路，遇水架桥，敢于向顽瘴痼疾开刀，勇于突破利益固化藩篱，将改革进行到底[②]。深化改革既是实现经济行稳致远的重要举措，也是立足新发展阶

---

① 习近平：《把握时代潮流缔造光明未来》，《人民日报》2022 年 6 月 23 日。

② 习近平：《开放共创繁荣　创新引领未来》，《人民日报》2018 年 4 月 11 日。

段、贯彻新发展理念、构建新发展格局、推动高质量发展的重要保障。一是有效衔接“有效市场”和“有为政府”。正确处理好政府与市场的辩证关系，充分发挥政府的优势，克服市场自身缺陷，找准政府和市场相互补位、协调配合的结合点，实现“有效市场”和“有为政府”的有机衔接，调整政策和推动改革要把握好“时度效”，坚持先立后破、稳扎稳打，形成市场有效、政府有为的高质量发展。二是深度优化营商环境。明确行政审批权力清单、责任清单和落实主体，深化“放管服”改革，完善市场准入负面清单制度，全面推进社会诚信体系建设，营造各类所有制企业竞相发展的良好环境。三是稳步推进要素市场化改革。抓好要素市场化配置综合改革试点，畅通要素流动渠道，加速生产要素流动，消除各类隐性壁垒，打破要素供给堵点，分类完善要素市场化配置体制机制。

第七，绿色低碳发展是必由之路。习近平总书记提出，要坚持“绿水青山就是金山银山”的理念，坚定不移走生态优先、绿色发展之路[①]。绿色低碳发展是推动高质量发展的内在要求，是转变经济社会发展方式、推动实现可持续发展的重要标志。要正确认识和把握碳达峰、碳中和，坚持绿水青山和金山银山的有机统一，保护经济社会发展潜力和后劲，让绿水青山持续发挥生态效益和经济社会效益，实现生态环境保护和经济发展“双丰收”。一是狠抓绿色低碳技术攻关。不断提高资源利用效率，推动绿色循环低碳发展，加快建立健全以产业生态化和生态产业化为主体的生态经济体系，引导绿色低碳生产生活方式，推动全社会尽快实现碳达峰和碳中和。二是加快能源消费方式转变。传统能源逐步退出要建立在新能源安全可靠的基础上，创造条件尽早实现能耗

① 习近平：《坚定不移走生态优先绿色发展之路》，《人民日报》2020年5月14日。

“双控”向碳排放总量和强度“双控”转变，加快形成减污降碳的激励约束机制。三是积极发展循环经济。推行清洁生产，最大限度地利用资源、节约能源，提高循环经济发展水平。

第八，共同富裕是主要目标。习近平总书记深刻指出，实现共同富裕是社会主义的本质要求，是中国式现代化的重要特征[①]。要正确认识和把握实现共同富裕的战略目标和实践途径。高质量发展与共同富裕具有内在统一性，在立足新发展阶段、贯彻新发展理念、构建新发展格局、推动高质量发展中扎实推动共同富裕，是实现全体人民共同富裕取得更为明显的实质性进展的必然要求。一是增强区域与城乡发展的平衡性、协调性。深入实施城乡融合发展战略，破除城乡与区域壁垒，加大统筹城乡与区域发展力度，促进东部、中部、西部和东北部地区协调发展，加大对欠发达地区和农村地区的扶持力度，缩小城乡区域发展的差距，促进城乡区域共同繁荣。二是深化收入分配制度改革。加大税收、社保、转移支付等的调节力度，支持有意愿有能力的企业和社会群体积极参与公益慈善事业，缩小城乡、区域、产业间的收入分配差距，整体扩大中等收入群体比重，在高质量发展中促进共同富裕，形成“中间大、两头小”的橄榄型分配结构，构建初次分配、再分配、三次分配协调配套的基础性制度安排。三是完善公共服务政策制度体系。鼓励社会资本提供基本公共服务，发挥社会组织在基本公共服务供给中的重要作用，在教育、医疗、养老、住房等人民群众最关心的领域精准提供基本公共服务。四是强化就业优先政策导向。坚持实施以稳定和扩大就业为基准的宏观调控，在推动高质量发展中强化就业优先导向，提高经济增长的就业带动力，保障市场竞争条件下的充分就业。

---

① 习近平：《习近平谈治国理政》第四卷，外文出版社，2022。

三、地方实践探索是高质量发展的生动注解

为我国高质量发展选取可供参考借鉴的典型案例，其重要意义在于发现发展中的共性问题、总结发展中可利用的规律和借鉴发展中可借鉴的经验。本书旨在通过对案例的分析，总结近年来各领域高质量发展的成果和经验，最重要的是为解决高质量发展中的难题提供更多典型方案。本书在选取高质量发展典型案例时充分考虑其可借鉴性，并重点选取后发性和探索性较强的地区和企业。这些案例着重体现了以下 4 个方面的特征：

一是具有较强的领域代表性。企业和地方政府是践行我国高质量发展的重要主体，是实施发展的关键执行层，它们对高质量发展的践行决定了我国高质量发展的总体水平。我们以大型企业和区县级政府作为选取范围。在选取企业时，一方面选取不同所有制企业，包括中央企业、地方国企、民营企业，目的是在不同的发展定位下，能够较为全面地反映企业对高质量发展的把握和实践；另一方面选取现阶段重点关注领域的企业，主要包括清洁能源领域、新能源领域及互联网领域。选取的地方案例，主要是当前我国组织经济发展的主要平台主体，包括处在开放前沿的自贸试验区和大型城市的区县。

二是具有较强的地域代表性。我国区域发展基础和条件差异较大，不同的经济基础和自然禀赋，其适宜的发展模式和路径也不同。本书案例选取尽量覆盖全国几大区域，体现各区域在发展中差异化的问题和解决方式。案例选取的区域，涵盖了东部、中部和西部地区。我们站在不同的区域发展基础上，合理看待发展成果和经验。可以看出，现阶段东

部地区高质量发展中开放和制度创新是主要任务，西部地区高质量发展中产业集聚、升级、壮大是主要任务。

三是发展成果兼具典型性和特色性。典型性主要是指发展的理念与路径，体现新发展理念，符合高质量发展要求，发展经验有利于推动我国动力变革、效率变革和质量变革，择其优而选。特色性主要指在发展中体现出了特有的、较为新颖的发展模式和路径，并且取得良好成效。

四是发展经验具有可复制推广性。经验可借鉴是进行案例研究的重要目的。因此，我们选取案例最看重的是案例要具有可复制推广的价值，而不是单纯依据发展成果。在选取案例时，一方面选取现阶段具有很多类似发展基础和经济条件的案例，这样的案例经验更具有参考价值；另一方面选取的案例注重发展的后发性，着重选择“由弱变强、由慢变快”的案例，特别是欠发达地区、发达地区中发展相对滞后的区域及相对滞后的领域，以增加推广借鉴的价值。

按照以上原则，本书共选取了8个地方和企业高质量发展典型案例，包括上海自贸试验区临港新片区、浙江自贸试验区舟山片区、南京市六合区、肇庆高新区、中国三峡集团、永定河公司、盐湖股份和腾讯公司。这些案例经验，从不同领域对高质量发展提供了生动注解。相信通过对这些案例发展经验的深入剖析，可以为其他地区和企业实现高质量发展提供有益借鉴。

执笔人：魏广成　张曼茵　耿晋梅

第二章

上海自贸试验区临港新片区：打造新时代全局性改革开放试验田*

---

* 本章来自国研智库“高质量发展典型案例”调研组：《上海临港：喷薄而出的高质量发展样板区》，《中国经济报告》2022 年第 1 期；国研智库“高质量发展典型案例”调研组：《上海临港打造高质量发展样板区的实践与启示》，《中国经济报告》2021 年第 6 期。

上海自贸试验区临港新片区是集聚海内外人才开展国际创新协同的重要基地、统筹发展在岸业务和离岸业务的重要枢纽、企业走出去发展壮大的重要跳板、更好利用两个市场两种资源的重要通道、参与国际经济治理的重要试验田。临港新片区的发展不同于其他自贸试验区，它承担着特殊经济功能区角色，在制度创新和产业发展上具有独特性和引领性。成立以来，临港新片区以打造更具国际市场影响力和竞争力的特殊经济功能区以及开放创新、智慧生态、产城融合、宜业宜居的现代化新城为战略定位，在产业布局、科技创新、制度改革、要素集聚、数字化等方面取得了显著成效。对于那些希望借鉴和参照高质量发展样板的地区而言，临港新片区的经验以及由此形成的制度红利，具有重要的启示和参考意义。

一、喷薄而出的高质量发展样板区

东海之滨的洋山港内，塔吊林立、舟车穿梭，“无人码头”源源不断输出“中国制造”；特斯拉上海超级工厂中，机器臂来回穿梭，交付量屡创新高；滴水湖畔的世界顶尖科学家社区里，“最强大脑”聚气凝神，探究世界级的新时代重大前沿科学；“东方芯港”产业园里，一批“国产的世界第一”技术和产品诞生，彰显了“中国制造”的国际竞争力……这是临港新片区普通的一天，也是高质量发展的一个生动横截面。

习近平总书记2020年11月在浦东开发开放30周年庆祝大会上强调，要更好发挥中国（上海）自由贸易试验区临港新片区作用，对标最高标准、最高水平，实行更大程度的压力测试，在若干重点领域率先实现突破[①]。2022年是临港新片区三年大变样的决战决胜之年。经过两年多的探索，临港新片区奋力走在高质量发展前列，制度良种已然长成参天大树。

（一）抓住全球城市和新工业革命机遇，三年大变样

上海是中国近代工业的发祥地，历史上相当长一段时期，上海一直发挥中国经济中心功能。1843年的开埠，让上海最早接触了国外的先进技术和管理方法，迅速崛起为中国最重要的工业中心。中华人民共和国成立前的半个世纪里，上海工业产值占全国的比重保持在50%以上。改革开放以来，上海在外资和技术引进方面一直发挥着龙头作用，有力支撑起上海高端制造业的发展和经济中心功能的建设。21世纪以来，上海产业结构发生了重大变化：1999年上海服务业增加值比重首次超过50%，2009年上升至60%，2013年则跃升至70%。城市发展战略定位的调整，为国际金融中心、国际贸易中心和国际航运中心建设打下基础。

2008年国际金融危机之后，随着第四次工业革命的到来，上海制造业再次面临转型升级的重大机遇，“卓越的全球城市”的角色功能也

① 习近平：《在浦东开发开放30周年庆祝大会上的讲话》，《人民日报》2020年11月13日。

逐渐清晰，上海开启了从中国经济中心向全球经济中心的战略转型。

临港新片区建设是上海建设全球经济中心的有力载体。2003年，临港开始投入开发建设。2019年8月，临港作为新片区正式启航，上升为国家战略。临港新片区区别于国内以往的自贸试验区，其战略目标在于成为我国深度参与国际经济合作与竞争的战略性功能平台，建成具有较强国际市场影响力和竞争力的特殊经济功能区。

经过两年多的建设，临港新片区迈出了崭新的步伐。从只有制造和仓储的单一港口，到如今对标世界高质量发展的样板区，围绕政策制度创新、特殊功能打造、现代化新城建设等领域，临港新片区正在全面发力。前沿产业方面，2021年新能源汽车成为临港新片区首个千亿级产业集群。人工智能、高端装备、集成电路管多个千亿级产业集群正在加快形成。代表国际贸易价值链高端的国际中转集拼和离岸贸易方面，2021年洋山港集装箱吞吐量超2280万标箱，刷新历史纪录，其中国际中转集拼箱量近400万箱；“十四五”期间，临港新片区离岸贸易交易额年均增长30%。按照规划目标，到2035年临港新片区生产总值将超过1万亿元。

上海转型路径也是当前中国经济转型的体现。临港新片区的改革试验一方面在探索上海自身发展出路，另一方面也在回答中国经济如何实现高质量发展的重大命题。临港已成为上海经济发展的“增长极”“发动机”“新高地”，为国家建设更高水平开放型经济新体制和实现高质量发展贡献上海智慧、提供临港样本。

（二）高水平开放，打造自由度最大的对外开放门户

2021年中国国际进口博览会（简称进博会）期间，临港新片区备

受关注。为了更好地满足进博会期间海外展品密集入境的需求，洋山港采取各项优惠便利措施，快速完成“无纸化”政务审批和口岸查验通关手续，同时结合自动化码头的创新技术，确保了船舶及展品安全进港、快速靠港。

洋山特殊综合保税区是我国168个海关特殊监管区域中唯一一个特殊综合保税区。以“一体化经济信息管理服务平台”为基础，洋山特殊综合保税区实施了全新监管模式，为临港新片区打造特殊经济功能、顺应全球投资贸易新规则奠定了基础。洋山特殊综合保税区在制度体系设计上体现了“六特”的特点，即特殊的申报模式、特殊的贸易管制模式、特殊的区内管理模式、特殊的统计制度、特殊的信息化管理模式、特殊的协同管理模式。这六个“特”有利于临港新片区在国内国际双循环中发挥作用，同时在国内大循环中促进本地经济发展。

在探索开放新高地方面，临港新片区已复制推广的比较有代表性的经验，主要有4项：一是外资的负面清单，现在全国自贸试验区版有27项，全国版有31项。二是国际贸易的单一窗口，国际贸易领域涉及20余个监管部门，以前企业要去不同部门申报，现在单一窗口大大提高了开展对外贸易的便利化程度。三是率先开展“先照后证”“证照分离”“一业一证”等“放管服”改革。四是设立自由贸易账户。这些经验已经逐步推广到了全国。

基于差异化探索的定位，临港新片区有着更艰巨的战略任务——选择国家战略需要、国际市场需求大、对开放度要求高但其他地区尚不具备实施条件的重点领域，实施具有较强国际市场竞争力的开放政策和制度，加大开放型经济的风险压力测试。这就要求我们对标最高标准、最高水平，积极推动更高水平的制度型开放，以构建开放型经济体系为着力点和落脚点。

目前，临港新片区已基本形成以“五自由一便利”为核心的制度型开放体系框架。投资自由方面，我国首个外资控股的合资理财公司——汇华理财有限公司、首个外商独资的金融科技公司——汇丰金融科技服务公司相继设立；贸易自由方面，洋山特殊综合保税区封关运行，我国首单跨关区国际中转集拼、首单境外仓单离岸转手买卖、首单国际铜保税标准仓单质押融资、首单飞机船舶跨境租赁等创新业务相继落地；运输自由方面，建设东北亚空箱调运中心，开展沪浙跨港区跨关区国际航行船舶供油试点，落地全国首单国际航行船舶保税液化天然气（LNG）加注业务；人员从业自由方面，率先推行外籍人才长期居留政策，实行境外专业人才执业备案、开放相关职业资格考试等政策；数据快捷联通方面，“国际数据港”建设初见成效，率先探索建立数据跨境流动“低风险目录 + 分级分类 + 传输存证”管理机制，开展数据跨境流动安全评估试点，国际互联网数据专用通道投入使用，国家新型互联网交换中心成立……

一次次探索、一个个“首单”的背后，正是临港新片区这两年多来大胆试、大胆闯、自主改的决心，开放红利正加速转化为高质量发展新动能。

（三）制度改革，打造全球资源配置枢纽

2021 年 10 月，首批 7000 辆“临港制造”特斯拉 Model 3 从上海启程出口欧洲。这距特斯拉在上海临港的超级工厂开工仅仅两年时间。2021 年，特斯拉上海超级工厂交付 48 万余辆，占特斯拉全球 2021 年产能的 51.7%，完成了“当年开工、当年建成、当年投产、当年交付”

的目标，让全世界见证了“上海速度”和“特斯拉速度”，成为临港以及上海营商环境的金字招牌之一。

优化营商环境，加快行政审批，加大“放管服”改革，临港新片区积极推动特斯拉项目审批模式的常态化、制度化，推广“临港速度”。碧博生物是上海生物医药产业链中从临床向商业化生产转化过程中的关键环节企业，2020 年 8 月 28 日正式签约入驻临港。作为我国首家全技术、一体化生物医药 CDMO 生产平台的碧博临港一期项目从签约到开工仅用时 4 个月，克服新冠疫情、全球供应链紧张等诸多困难，把通常 18 个月以上的工期以创纪录的 147 天完成工程建设。

“临港速度”的推广，得益于临港新片区探索的“一盘棋统筹、一体化管理、一条龙保障、一揽子宣介”的招商机制，“一个月洽谈签约，三个月完成土地出让，六个月实现项目开工”的项目落地协同推进机制，以及“一套档案、一组专员、一类规则、多方联动、多维评估”的投资促进服务监管机制。

《临港新片区 2021 年营商环境评估报告》显示，在世界银行营商环境指标评估体系下，临港新片区营商环境表现总体已接近全球第一梯队水平。

营商环境优化的背后，实际上是“有为政府”和“有效市场”的平衡。临港集团是临港新片区的开发主体，作为“科技创新和产业发展的推动者、区域转型和城市更新的建设者”，受临港新片区管委会委托，临港集团组织开展园区规划、园区招商、企业服务、政策研究等工作，具有延伸政府服务、统筹政策资源的功能。充分市场化的运作，为临港奠定了良好的产业基础和城市配套基础。

只有正确处理好政府与市场的关系，促进核心制度创新，提升改革开放新高地，才能实现在全球范围内配置资金、技术、人才、数据、土地等生产要素。临港新片区作为特殊经济功能区，是探索未来中国经济增长机制创新的重要功能载体。生产要素的重新组合能够产生新的增长激励效应。临港新片区的这些深层次制度改革，将逐步消除制度型壁垒，更好地促进要素流动和培育新的生产方式，并通过重新组合形成新的增长机制。

（四）聚焦前沿产业，打造国际产业创新的领军者

制度创新旨在为产业发展提供便利，制度创新的“供给力”将转化为产业发展的“竞争力”。

依托制度创新优势，立足增强全球资源配置功能，临港新片区正在打造以“4+2+2”为重点的世界级、开放型、现代化前沿产业集群。其中“4”是指集成电路、生物医药、民用航空、人工智能等四大核心产业；“2”是指智能新能源汽车、高端装备制造这两个临港既有的优势产业；“2”是指绿色再制造、氢能产业，这是临港重点规划布局的两大未来产业。预计到2025年，产业规模将突破6000亿元，形成集成电路、高端装备、智能新能源汽车三大千亿级产业集群，生物医药、人工智能、航空航天三大五百亿级产业集群，以及氢能、绿色再制造两大百亿级产业集群。

快速集聚的汽车产业链，正是临港新片区产业飞速发展、经济总量迅速做大的一个缩影。国产Model 3标准续航升级版上市以来，经历了多次降价，原因在于成本降低、产能提升，其中产业链的集聚效应功不可没。特斯拉上海超级工厂已经达到90%以上的零部件本土化，这带动了超级工厂所在的临港新片区内新能源汽车产业的蓬勃发展。目前，已形成整车、动力系统、底盘系统、车身内饰、车身系统、汽车电

子、检验检测、自动驾驶、动力电池、材料、商贸产业链体系。预计到2025年，临港智能新能源汽车产业规模将突破3000亿元，建设成为世界级智能新能源汽车产业规模最大的集聚地。

在当前世界格局下，全球新产业革命深入发展也深刻影响着国家和城市的兴衰，这对我国打造未来产业高地提出了更高要求。自揭牌以来，各类产业项目纷纷向临港新片区聚集。揭牌百日时，临港新片区管委会曾经发布过一份产业地图。透过产业地图，可以看出临港新片区产业定位，是立足解决“卡脖子”问题和新兴产业关键技术环节的创新发展。

世界最大缸径的低速大功率柴油机及配套船用曲轴、世界最大的350吨汽轮机转子高速动平衡试验站、世界最先进的JU2000E型自升式钻井平台、全国首套百万千瓦级核电站堆内构件、全国首根300毫米硅晶棒、全国首台自主知识产权的C919大飞机发动机……这些过去长期“卡脖子”、高度依赖进口的高端核心技术，都在临港新片区填补了国产化空白。

核心和关键技术的快速发展，得益于临港新片区提供的覆盖全生命周期的产业生态。可以说，对每一家有自己专长的科技企业而言，临港新片区就是中国的“硅谷”。

（五）面向未来，再造一个国际化新城

2019年揭牌之初，临港新片区立下“军令状”——将努力保持20%左右的高速增长，力争2035年实现区域生产总值超过1万亿元的目标。

按照全球城市的理论，临港新片区应发展那些脱离或者不主要依赖

于物理空间的产业，从而获取全球市场和收益，打破高土地、高劳动力成本的瓶颈。特别是在全球经贸格局大变革、产业科技加速突破的背景下，临港新片区应努力成为全球城市网络空间中的重要节点城市，在资源配置中发挥控制和协调作用。

一个城市能够提供的物理空间是极其有限的。随着对城市空间需求的不断扩张，城市系统面临更大的资源环境压力。可以想象一下，未来产品不需要直接在本地生产，在本地所要进行的工作是对设计、研发、生产、运输、销售的控制，这就是对全球资源配置的控制力的体现。

要吸引全球的高端资源在临港新片区汇集或以临港新片区为枢纽中转，城市建设也必须面向未来。临港新片区应该在绿色化、数字化、智能化方面打造全国的样板，这有赖于数字经济低碳时代的新兴基础设施投资，需要在自动驾驶、智能配送、数字流通、数字监管等领域推出一系列制度性创新。

开发一个新城可以在很多地方创造价值。比如，可以从一开始就要求所有车辆都采用自动驾驶技术，可以尝试一种完全不同的交通系统，这是现有城市很难尝试的。政府可以使用电脑随时改变街道上每个特定车道的行驶方向，让行人的出行更加安全便利；也可以使用软件对紧急服务车辆进行调度，减少警报带来的噪声。正确的创新可以解决很多现有城市难以解决的问题。

自贸试验区应该始终是一个改革区而不是特区。大多数特区的成立是为了向企业提供优惠政策，而不是为了实施改革措施。这是自贸试验区应该区别于特区的不同之处。改革区是实施一项或多项根本性变革的区域。那么如何判断一项政策是改革还是优惠，这里有两条标准：这项政策能否长期持续下去，以及这项政策能否推广至全国。如果两个问题的答案都是肯定的，那么这就是一场改革。

临港的未来，还有无限的可能。再造一个国际化的新城，不是经济总量的简单复制，而是以新发展理念为指引的创新制度的贯彻落地，更是建设成为一个放眼世界、对标世界的高质量发展样板区的重要抓手。

二、经济实力和韧性实现跨越式发展

临港新片区承担着新时代全局性改革开放试验重任，是中国经济深度全球化的重要试验田，更是探索开放型经济建设和未来产业发展的新经济地理空间，以及高质量发展机制创新的重要载体。成立两年多来，临港新片区全面落实中央交予的战略任务，在打造特殊经济功能区和建设现代化新城方面作出了卓有成效的创新性探索。特别是在新冠疫情的冲击下，临港新片区经济实现逆势飞扬，成为中国经济的新增长极和发动机，宏观经济增长稳定性不断增强。

（一）全面落实中央交予的战略任务

临港新片区认真贯彻落实中央一系列重要指示精神，以“五个重要”为统领，以改革开放创新为根本动力，对标国际上公认的竞争力最强的自由贸易园区、自由贸易港和高标准国际经贸规则，着力打造更具国际市场影响力和竞争力的特殊经济功能区。

在集聚海内外人才开展国际创新协同方面，临港新片区围绕解决海内外人才“引育留用”的全链条堵点、难点、痛点问题，建立与特殊经济功能区建设相适应的人才服务管理体制。率先放宽现代服务业高端人才从业限制，深化涉外职业资格管理改革，推动人员从业自由。率先实施境外人才出入境、停居留和工作许可便利措施，为海外人才提供更加便利的服务。加快建设国际创新协同区，创新人才集聚平台与载体。

在统筹发展在岸业务和离岸业务方面，临港新片区助推上海形成国内国际双循环的新发展格局。洋山特殊综合保税区建立了一体化信息管理服务平台，构建了全新的“六特”海关监管模式。打造离岸转手买卖先行示范区，采用扁平化的监管模式促进离岸贸易发展。依托自由贸易账户本外币合一、账户内资金可兑换、跨境资金收付便利，大幅提高企业资金使用自由度。率先探索国际化商事争端解决方式，启动金融法治试验区建设，研究适应境外投资和离岸业务发展的税收政策，向世界一流离岸中心看齐。

在企业走出去发展壮大方面，临港新片区服务于中国企业走出去获取资源、技术、人才和市场，促进走出去企业反哺国内高质量发展。全面推进市场准入“负面清单”和“证照分离”全覆盖改革，在全国先行先试强化竞争政策，吸引不同所有制企业大量落地临港新片区。为企业走出去发展壮大构建起一站式、全方位、专业化的多元纠纷解决机制和涉外法律服务平台，为区内、海外企业提供“无缝切换”的营商环境。

在更好利用两个市场两种资源方面，临港新片区充分利用国内大市场优势，在集聚高端要素、汇聚高端人才、培育高端产业方面发挥引力场作用。大力发展集成电路、生物医药、人工智能、民用航空、智能新能源汽车、高端装备制造等制造业以及跨境金融、新型国际贸易、高端航运、数字经济等现代服务业，提高全球高端要素资源配置能力。

在参与国际经济治理方面，临港新片区主动开展压力测试和改革试验，对标全面与进步跨太平洋伙伴关系协定（CPTPP）等新一代高水平国际经贸规则。在准入清单、公平竞争政策、国家安全审查等各个方面探索试验，积极发挥中国参与乃至引导国际经贸投资规则的试验田作用。

（二）逆势前行，实现有韧性的增长

做大经济总量，不仅是临港新片区作为上海新增长极的基本要求，更是特殊经济功能区具备“较强国际市场影响力和竞争力”的根本前提。

面对新冠疫情冲击，临港新片区经济实现逆势飞扬，成为上海经济的增长极和发动机，实现了有韧性的增长。2019—2021 年，临港新片区地区生产总值年均增长 21.3%，规上工业总产值年均增长 40.2%，全社会固定资产投资年均增长 43%，洋山特殊综合保税区进出口总额年均增长 28%。“生命蓝湾”“大飞机园”“东方芯港”等特色园区生机勃勃，“信息飞鱼”全球数字经济创新岛启动建设，围绕海洋高端装备、生物医药、智能新能源汽车等五大产业，开展保税研发设计、保税检测、跨境电商等高端生产性服务等等。

（三）优化产业生态和城市功能，为长远发展积蓄动能

近年来，创新型产业向临港新片区集聚的态势已经形成，产业规模快速壮大，产业内涵不断丰富。在吸引产业集聚发展中，临港新片区所

构建的集成电路、智能新能源汽车、人工智能、数字产业等产业链上中下游协同与创新，成为其突出的产业生态优势。这样的布局，与世界上顶级的几个高新产业集聚区类似。

城市服务功能不断提升。临港新片区聚焦人民群众高品质生活需求和高水平产业发展需求，高标准建设城市基础设施，围绕优化教育和医疗资源、促进文化休闲、丰富商业网点、打造绿色生态环境和加强城市精细化管理等方面，不断提升城市服务功能，城市样板间初现雏形。产业生态和城市功能的优化为临港新片区的长远发展积蓄了新动能。

三、上海临港高质量发展的主要经验

临港经济实现高质量发展得益于其创新性的举措，尤其在产业布局、科技创新、制度改革、要素集聚、数字化 5 个方面最为突出。这些创新性实践，为长三角地区乃至全国经济实现高质量发展树立了“临港样板”。

（一）立足全球分工，布局高端产业与产业链

世界产业体系的核心枢纽通常具有不可替代性，以高端技术和产业布局为引领，与国际生产体系之间形成“中心与外围”的分工关系，从而在中低端劳动密集型产业转移后，仍能保持核心技术研发和核心产品生产的竞争优势。

中国在产业转型的背景下，要实现高质量发展，必须向含金量更高

的高端产业与产业链迈进。临港新片区着眼于全球产业分工，立足于打造以“4+2+2”为重点的世界级、开放型、现代化前沿产业集群。聚焦集成电路、生物医药、民用航空、人工智能四大核心产业，聚焦智能新能源汽车、高端装备制造两大优势产业，聚焦绿色再制造、氢能产业两大未来产业。拓展适应中国未来竞争和产业发展需要、亟须着力培育和超前布局的若干新型特色产业，增强产业集聚度和产业链抗风险能力。

这样的产业布局可以借助临港新片区地理位置优势和政策便利，与国际市场和产业体系实现高频互动。比如，高端芯片、机床和大型成套设备的生产和销售，可以成为连接世界主要产业体系的核心枢纽，通过提供零部件、维修和后期服务配套，发挥临港新片区在这一领域不可替代的竞争优势。

（二）着眼自立自强，打造聚焦国际创新策源地

实现高质量发展，归根结底要依靠科技创新。除了在高科技产业方面取得更加领先的成果，还应向国际创新策源地发展，只有这样，高科技产业发展才能不断获得源头活水。

临港新片区立足科技创新自立自强，针对产业链重点环节，对照研究“卡脖子”情况，梳理形成新片区产业关键核心技术。构建多链条布局、点线面成网的科技创新政策体系，编制发布科创和产业政策网络，出台建设科技创新型平台、提升科技创新策源能力、打造科技型孵化器、建设企业研发创新机构认定管理办法、新型基础设施建设项目贴息贷款等多个新政。

其中，科技创新型平台是临港新片区提升全球创新策源能力的重要载体，是面向产业创新需求、促进科技创新资源开放协同的新型研发与

转化组织。这些平台聚焦智能制造、集成电路、生物医药、人工智能、航空航天、跨境数据等重点产业领域，助力打通科技成果转化“最后一公里”，成为临港新片区科技企业发展的助推器和加速器。

（三）优化营商环境，以政府治理推动制度创新

如何立足国际国内两个市场两种资源，探索制度型合作和国际规则塑造新路径，是当前中国参与全球治理的重要课题。临港新片区通过以制度开放为导向的全方位开放举措，对境外人员、跨境资金、金融服务等领域的准入进一步改革放权，与国际市场全方位接轨。

除市场准入环节外，临港新片区在营商环境塑造方面开展了一系列创新探索。实施“证照联办”和单一综合窗口建设，进一步优化企业办事流程，提高政府办事效率。率先构建企业服务专员制度，依托行业主管部门、审批部门、属地园区公司等组建服务专员团队，围绕签约、“两图一表”、拿地、开工、竣工、投产等关键环节保持密切对接，提供精准服务，提高沟通效率，完善“一项一档”，实施企业全生命周期服务与管理。在“一个月洽谈、三个月拿地、六个月开工”的政府服务理念下，临港新片区成为营商环境高地。速度的背后是临港新片区全力推进的“放管服”改革，简政放权的减法，换来办事速度和体验的加法。

（四）深化要素改革，资源要素聚集优势凸显

随着经济发展面临的硬约束增多，生产要素重新组合、配置效率提升，能够产生新的增长激励效应。临港新片区的深层次制度改革通过制度型壁垒的逐步消除，能够更好地促进要素流动、培育新的优势生产要

素、提升要素配置效率、优化要素组合方式，探寻我国多重约束下经济高质量发展的新机制。

人才资源是经济发展的高端生产要素。临港新片区作为海外人才国际创新协同的重要基地，在人才政策方面进行了一系列改革，着力优化临港人才结构。在国家职业资格和技能等级认定范围内，聚焦临港新片区重点产业布局，制定技能人才引进目录。持续优化临港人才直接落户政策，缩短临港“居转户”年限，实行居住证专项加分制度，拓宽紧缺型技能人才招引力度，建立健全境外人才工作和创业绿色通道。举办世界顶尖科学家论坛并搭建顶尖科学家社区及实验室，使其逐步成为全球科学界的年度重要盛会、世界顶尖科学家的重要纽带、全球科技合作高端对话的重要平台。

全球资金配置是新一轮资本市场开放和金融改革的前沿阵地。临港新片区在金融领域的开放程度远高于既有自由贸易区模式，通过充分发挥本外币一体化账户体系、跨境人民币结算便利等优势条件，更好地满足实体经济在配置要素资源时对跨境金融服务的新需求，使之成为连接国内与国际市场的重要枢纽。

土地资源成为重要的政策便利化举措。临港新片区通过推动混合用地改革，提升土地使用的灵活度，降低土地交易刚性成本。随着国家层面关于用地指标跨区域作价补偿的推进，未来临港新片区可以为重点产业发展腾挪出更多的用地储备支持，为高端生产制造业的规模化集聚提供充裕的发展空间。

（五）抓住新一轮工业革命机遇，推动数字化转型

当前数字贸易快速发展，已逐渐成为全球贸易发展的重要引擎。在

中国加快构建双循环新发展格局的背景下，临港新片区抓住新一轮工业革命机遇，充分发挥自身优势，探索数据跨境流通方式，打造高水平数字贸易枢纽港。

临港新片区已引入数字经济领域企业100余家，涵盖信息基础设施、5G通信、文化数据、智慧教育多个领域，助力新片区打造数字经济发展高地。依托“数联智造”名园建设，打造“东方芯港”“生命蓝湾”“大飞机园”“海洋创新园”“中日（上海）地方发展合作示范区”等一批特色园区，以数字化赋能特色园区高质量发展。

通过“国际数据港”建设平台，推动数据跨境流动管理体系建设、信息基础设施建设、“信息飞鱼”全球数字经济创新岛建设。在新片区内探索数据分类分级管理和“一行业一清单”的正面清单模式，率先探索在智能网联汽车和车联网领域进行试点，并逐步探索形成多个领域的正面清单。在新型基础设施方面，建设国际互联网数据专用通道、功能型数据中心、新型互联网交换中心等，搭建数据跨境流动公共服务管理平台。这些创新举措有效推动了数据安全、有序、合规跨境流动，是中国加入《数字经济伙伴关系协定》（DEPA）等国际数字贸易协议的前提条件，对提升中国数据要素市场的国际竞争力至关重要。

执笔人：魏广成　吴　思

第三章

浙江自贸试验区舟山片区：建设大宗商品资源配置新高地

建设浙江自贸试验区是党中央、国务院作出的重大决策，是新形势下全面深化改革、扩大开放和提升我国资源配置全球竞争力的重大举措。作为新时代改革开放的新高地，浙江自贸试验区舟山片区自2017年4月成立以来，坚定践行新发展理念，对标国际先进规则，突出服务国家能源战略大局、突出首创性差异化制度创新，加强制度创新和改革系统集成，进一步彰显全面深化改革和扩大开放的试验田作用。

成立以来，浙江自贸试验区舟山片区着眼建设成为中国东部地区重要海上开放门户示范区、国际大宗商品贸易自由化先导区和具有国际影响力的资源配置基地，重点推进以油气全产业链为核心的大宗商品投资便利化与贸易自由化，为确保国家能源战略资源安全、争夺国际市场话语权提供有力支持。与全国其他自贸试验区相比，浙江自贸试验区舟山片区有三大特色亮点：一是内容聚焦。中央唯一明确开展油气全产业链投资便利化贸易自由化改革探索的地区，旨在探索既符合国际惯例，又具有中国特色的大宗商品自由贸易制度，为提升我国资源配置全球竞争力探索新途径、积累新经验。二是地域聚焦。舟山群岛具备建设油气全产业链独一无二的区位优势、海岛资源优势和离岛监管便利优势，实施范围全部在舟山群岛新区。三是目标聚焦。围绕“探索建设舟山自由贸易港区”的战略要求，对标新加坡，致力于打造具有中国特色的自由贸易港区。

2017年以来，浙江自贸试验区舟山片区按照国家赋予的“打造以油气为核心的大宗商品资源配置基地”的战略定位，行稳致远，开拓奋进，秉承独特资源禀赋，以制度创新为核心，以“小切口”撬动“大改革”，深化“一中心三基地一示范区”建设，围绕油品炼化、油气储运、油气贸易交易、海事服务、金融配套等油气全产业链节点，走出了一条“无中生油”“聚气发展”的系统化、特色化、差异化发展道路，成为我国油气产业制度创新和油气企业集群发展的开放高地。

一、聚焦大宗商品全球资源配置

浙江自贸试验区舟山片区始终以服务国家能源战略为导向，加快构建以国内大循环为主体、国内国际双循环相互促进的新发展格局。

（一）始终锚定大宗商品资源配置，目标定位清晰

浙江自贸试验区舟山片区始终锚定油气大宗商品全球资源配置方向，以制度创新为核心，以可复制可推广为基本要求，将自贸试验区建设成为东部地区重要海上开放门户示范区、国际大宗商品贸易自由化先导区和具有国际影响力的资源配置基地。全力推动自由贸易实践创新，紧紧围绕油品全产业链投资便利化和贸易自由化，加快重大项目谋划、招引和建设，在油品炼制加工、储运中转、贸易交易、通关便利、金融

配套等领域改革创新和引领发展。

一是在油气产业投资便利化方面，进一步减少或取消外商投资准入限制，提高开放度和透明度，作好对外开放的压力测试和风险测试。扩大油品加工领域投资开放，鼓励国内外投资商以资源、资金、技术、市场参与建设经营石化基地。赋予自贸试验区内符合条件的油品加工企业原油进口资质和配额，给予原油进口使用权。在外资准入成品油批发、原油贸易类中外合资等形式上取得突破。

二是在油品贸易自由化方面，提升油品流通领域市场化配置能力，支持自贸试验区内油品加工企业原油进口资质和配额，给予原油非国营贸易进口使用权，成品油非国营贸易出口权等政策。率先在全国进行油品“批发无仓储”的内贸分销改革。先行先试制定石化产品经营管理实施细则，允许无仓储设施的优质企业申领“营业执照”并进行成品油批发经营，推动国家取消成品油经营审批，全面开放市场。2018 年，商务部批复同意浙江石油化工有限公司（以下简称浙石化）500 万吨原油非国营贸易进口配额。2020 年，浙石化成为全国唯一获得成品油出口资质和配额的民营企业。至此，浙石化已同时拥有原油进口、成品油出口两大经营权，累计获得原油进口允许量 3200 万吨，获批成品油出口配额 290 万吨、低硫燃料油出口配额 139 万吨。2020 年 2 月，中国海洋石油集团有限公司舟山炼厂生产的 4500 吨低硫燃料油顺利进入中化兴中石油运转（舟山）有限公司出口监管仓，浙江自贸试验区舟山片区首票燃料油出口退税业务正式落地。

三是在油气金融便利化方面。在全国率先开展油品贸易跨境人民币支付便利化试点。针对油品贸易，允许仅凭《跨境业务人民币结算收 / 付款说明》或支付信息清单即可直接办理资金结算（转口贸易、退款除外）。率先开展油品转口贸易跨境人民币结算便利化试点。降低油品转口贸易企业准入条件和压缩真实性证明材料审核时间，提高大宗商品跨境贸易中使用人民币结算的比重。率先开展“境外船供油”跨境人民币结算试点。突破船供油业务地域限制，将船供油业务加油港口拓展至“一带一路”沿线国际港口。制定出台《中国（浙江）自由贸易试验区舟山片区开展合格境外有限合伙人（QFLP）境内股权投资暂行办法》，进一步提高舟山片区金融对外开放水平。

（二）深入推进差别化探索创新，战略架构完整

浙江自贸试验区舟山片区通过在特定产业领域开展系统集成创新，深入推进差别化探索创新，在油气产业开放发展方面走在全国前列，为全国油气产业供给侧结构性改革积累经验。

浙江自贸区舟山片区围绕油气全产业链开放发展的要求，构建了以国际油气交易中心、国际绿色石化基地、国际油气储运基地、国际海事服务基地、人民币国际化示范区为核心的“一中心三基地一示范区”战略架构，致力于打通石油炼化、油气储运、油品交易贸易、燃油供应、金融服务等全流程产业链。2018 年，舟山片区管委会制定开展了《中国（浙江）自由贸易试验区“131”三年行动计划（2018—2020 年）》，基本实现了总体方案设定的战略目标。

同时，舟山片区结合自身的资源禀赋和区域经济发展实际，推进“131+X”的战略布局。依托鼠浪湖岛、马迹山岛矿石中转码头，建设国际配矿贸易中心。着眼国家战略需求，谋划建设国家大宗商品储运基地，推动建设国际矿石中转基地，持续提升发展混配矿业务，发展矿石现货交易和国际贸易，形成区域性的矿石信息中心和价格形成中

心。2020年，巴西淡水河谷公司在中国投资的最大单一项目淡水河谷鼠浪湖磨矿中心建成投产，助力国际矿石中转基地成为长江以南地区最大的混配矿基地。2021年宁波舟山港铁矿石吞吐量达2.74亿吨，其中舟山港域1.78亿吨，混配矿1752万吨，业务辐射长江沿线30余家钢厂，成为全国最大的铁矿石中转基地。围绕波音完工和交付中心，积极谋划通用飞机总装组装、制造，对接国际航空产业转移，建设舟山航空产业园。2018年，首架波音飞机融资租赁业务成功落地，实现了浙江自贸试验区乃至整个浙江省“保税+租赁”飞机融资租赁模式零的突破。作为我国进口粮食的重要物流节点，舟山片区政策、区位等优势明显，聚焦牛肉、远洋水海产品等高端动物蛋白，高端蔬菜、水果等天然健康食品以及大豆、小麦等大宗粮油商品，建设浙江国际农产品贸易中心。

（三）对标国际高标准规则体系，政策保障有力

浙江自贸试验区舟山片区一直备受国家的高度重视和大力支持，积极争取国家、省级行政审批权限下放。2017年，舟山市人民政府获得国际航行船舶保税加油许可审批权，极大地促进了舟山片区国际保税船燃市场的发展，吸引了大量保税燃料油供应商开展供油服务。允许注册在舟山片区内的企业开展前4位税号相同的不同税号下保税油品混兑调和业务，此举有效降低了舟山保税燃料油价格，将舟山从油品仓储基地升级为油品储运、调和加工基地。允许开展保税燃料油跨关区直供业务，舟山片区的国际船舶燃料油供应也逐步推进到宁波关区、上海关区和南京关区。

2020年，国务院出台《关于支持中国（浙江）自由贸易试验区油气全产业链开放发展的若干措施》，提出了11个方面26项措施。同年4月，浙江自贸试验区在全国率先实现扩区，升级打造浙江自贸试验区2.0版。舟山片区认真推动赋权扩区方案落地实施，继续聚焦油气全产业链，引进油品贸易国际战略投资者、加快推进石化炼化产业转型升级、提升油品流通领域市场化配置能力、提升大宗商品跨境贸易金融服务与监管水平，全力推进“一中心三基地一示范区”建设。

国家、省有关部门对舟山片区的发展给予了大力支持，制定出台推动油品全产业链发展的政策措施。2017年以来，国家、省已有18个部门先后出台支持自贸试验区建设相关政策400余条。海关总署及杭州海关先后多次多批推出支持浙江自贸试验区发展的若干举措，推进贸易自由化便利化，助推自贸试验区建设提速增效。浙江海事局从支持自贸试验区特色产业发展、提升贸易便利化水平、助推相关国家和区域战略协同发展以及营造海洋港口战略安全发展大环境等方面提出了具体的服务举措。中国人民银行杭州中心支行聚焦促进投融资便利化、推进人民币国际化战略和防范金融风险等方面支持自贸试验区油品全产业链建设；国家外汇管理局浙江省分局、浙江保监局、浙江省工商行政管理局、宁波海事法院等多家单位也围绕油气大宗商品资源配置过程中的难点、堵点，先后推出支持浙江自贸试验区建设的意见举措，有力保障了舟山片区的政策需求。

二、油气产业发展特色明显

浙江自贸试验区舟山片区坚持“为国家试制度，为地方谋发展”，聚焦油气全产业链建设，深化油气体制改革，在保障国家能源经济安全的创新实践中走出了一条特色发展之路。

（一）油气全产业链特色鲜明

浙江自贸试验区舟山片区在推动油气产业开放发展、打造油气大宗商品全球配置基地，打造油气全产业链上谋篇布局，推动新一轮高水平对外开放和高质量发展。

一是以国际船用燃料油加注为重点，率先在全国创新保税船用燃料油经营新模式。加快供油港口、储罐、加注锚地等配套设施建设，布局海上保税燃料油加注区域，建设东北亚保税燃料油加注中心。以国际船用燃料油供应作为切入点，形成船用燃料油生产、仓储、加注、交易、结算完整闭环。舟山片区作为全国唯一试点城市，承接国家权限下放，推动国际船用燃料油地方牌照“破冰”。

二是以原油精炼为基础产品，乙烯、芳烃等高端产品为特色，完善上下游一体化产业链，加快形成国际一流的石化产业集群。以完善石化产业投资准入为导向，实现民营企业主导投资国家重大能源化工项目零的突破，推动我国炼化一体化行业市场化改革。优化投资建设项目审批流程，超常规推进国际石化基地建设，有效缓解了国内芳烃、乙烯等重要基础化工材料的保障供给。

三是以油气大宗商品交易贸易为核心，做大做强原油贸易，发展原油期货和现货交易，发展成品油内贸分销网络和交易市场，推进能源体制机制改革。积极探索油气“期现结合”改革，通过“期现联动”合作共建长三角期现一体化交易市场。

四是以破解油气产业发展难点痛点为导向，在油品全产业链建设闭环改革等全新领域、在保税燃料油供应等关键领域、在油气贸易企业全生命周期精准监管新模式等方面取得重大突破。

（二）数字赋能优势显现

浙江自贸试验区舟山片区发挥浙江数字经济大省和数字基础先发优势，大力推进数字自贸试验区建设。2019 年，制定出台了《浙江自贸试验区“数字自贸区”建设方案》，建设通关监管体制机制创新引领区、数字经济特殊功能区、油气产业数字化转型示范区、新型数字贸易先导区，系统谋划和推进“数字自贸区”建设。

舟山片区率先试点应用国际贸易“单一窗口”16 大类标准功能，创新“单一窗口”运输工具（船舶）“一单多报”，建成全国首个无纸化通关口岸，推进自贸试验区数字化改革。首创数字口岸综合服务和监管平台，构建全数据流联动和智慧通关升级，建立夜间值班预约机制，实现供油业务“即加即走”，成为全国首个保税燃料油跨关区直供无纸化试点口岸。2017 年，舟山片区成立保税油调度服务中心，建设舟山保税船用燃油调度服务系统，创新打造以提高锚地使用效率、加强保税油供应事中事后监管为目的信息化系统。

舟山片区围绕“港、船、货”数据复用和归集，实现“江海联运在线”，已归集港口、船舶等 35 家单位 10.5 亿条数据，实现“海进江、江出海”数据共享。构建保税油加注协同监管平台，打通港口码头、监管场所数据，实现无感监管。发布全球首个“锚地加油气象等级指数”，启动海上供油智慧化气象服务系统建设。2021 年，数字化改革应用平台，国际船油加注智能监管服务应用实现与国际贸易“单一窗口”、保税油“一口受理”两大平台数据互联互通，集成协同审批、智能调度、远程监管三大应用场景，实现了仓储、代理、加注、驳船、船东以及监管等全链条覆盖。

（三）营商环境评价全国领先

浙江自贸试验区舟山片区勇当探索自贸政策的“排头兵”，实施“放管服”和“最多跑一次”改革，建立与国际接轨的自由贸易规则体系，营造法治化、国际化、便利化、市场化的营商环境。2018 年，编制并发布全国首张系统性自贸试验区权责清单，全面落实《自由贸易试验区外商投资准入特别管理措施（负面清单）》。全面实施“证照分离”改革试点。“最多跑一次”100% 全覆盖、事项 100% 全进驻、网上申报 100% 全开通，设立“油品贸易企业”“外商投资企业”“保税燃料油加注”等若干个“一口受理”综合窗口，便利化水平居全国自贸试验区前列，打造油气全产业链发展和大宗商品全球配置最优营商环境。

舟山片区对照世界银行发布的《2019 年营商环境报告》，对标“开办企业”“办理施工许可证”“跨境贸易”等关键指标，聚焦市场准入、投资审批、口岸通关、政务服务等重点领域，着力打造国际化的营商环境。2019 年，制定出台了《浙江自贸试验区营商环境特色指标体系》，设立了大宗散货跨境贸易、跨境资金流动、外籍人员服务 3 项特色指标，保税燃料油加注、外轮供应便利度、船舶通关便利度 3 项创新指标，制度创新成果 1 项观察指标以及 56 项细化指标。建成全国首个船舶进出境通关无纸化口岸，国际贸易“单一窗口”船舶通关“一单多报”经验成为全国样板，大宗商品口岸通关效率连续多年保持全国领先，打造了全国最优的船舶通关数字口岸营商环境。

舟山片区积极加强法治化营商环境打造。宁波海事法院围绕浙江自贸试验区特色优势与功能定位，对接自贸试验区建设司法需求，提供海事司法服务和保障。通过建立专业化审理机制，打造海商事争议纠纷解决中心。2018 年，舟山市中级人民法院设立自由贸易试验区法庭，宁波海事法院舟山法庭更名为自由贸易试验区海事法庭，中国海事仲裁委员会（浙江）自由贸易试验区仲裁中心、中国海事仲裁委员会计量争议仲裁中心成立，推动诉讼、仲裁、调解等多元化纠纷化解机制的形成。

（四）守住风险底线彰显责任担当

浙江自贸试验区舟山片区推进风险防控与企业便利两手抓，强化与负面清单管理体制相适应的事中事后监管体系建设。制定实施了保税船用燃料油供应、外商投资、内资融资租赁、大宗商品交易、企业投资便利化改革、外轮供应、油气产业应急体系规划、自贸试验区公共信用信息平台等 10 余项事中事后监管制度，形成“综合 + 专业”的监管体系。2018 年，在全国范围内推出首个《国际航行船舶保税燃油加注安全管理实施联合惩戒合作备忘录》。

舟山片区积极推动建立健全应急联动机制，充实应急救援力量，全力强化应急保障。2019 年，修订发布《中国（浙江）自由贸易试验区油气贸易企业事中事后监管办法（试行）》，进一步规范油气贸易企业经营，强化油气全产业链安全监管和风险防范。2021 年，制定了《舟山市危险化学品经营许可工作实施细则（试行）》，出台了全省首个《关于规范自贸试验区油气贸易企业安全准入和事中事后监管的指导意见》，并建立了全省首个危险化学品信息化管理系统。

三、大宗商品领域制度创新硕果累累

浙江自贸试验区舟山片区经过改革试验，聚焦以油气为核心的大宗商品贸易自由化投资便利化，在油气储运、炼化加工、贸易交易、海事服务、人民币跨境支付等领域，呈现龙头引领、链条延伸、辐射带动的溢出效应，成效显著。目前，浙江自贸试验区舟山片区初步构建了具有国际竞争力的现代化开放型油气产业新格局，探索创新了具有全国示范引领作用的油气体制改革新模式，打造形成了具有国际影响力的油气产业合作新平台，为推进油气体制改革、保障国家能源安全、提升全球资源配置能力和推动人民币国际化作出了积极贡献。

（一）制度创新成果领跑自贸试验区

2017 年以来，按照“大胆试、大胆闯、自主改”的要求，浙江自贸试验区舟山片区建设对标高标准国际经贸规则，围绕油气全产业链闭环管理，打通难点堵点，先行先试，构建了高水平制度创新体系。从全国率先实施油品“批发无仓储”经营，到原油非国营贸易进口，再到创新“海关通关一体化”监管模式等，截至 2021 年，累计形成 215 项制度创新成果（见图 3–1）。

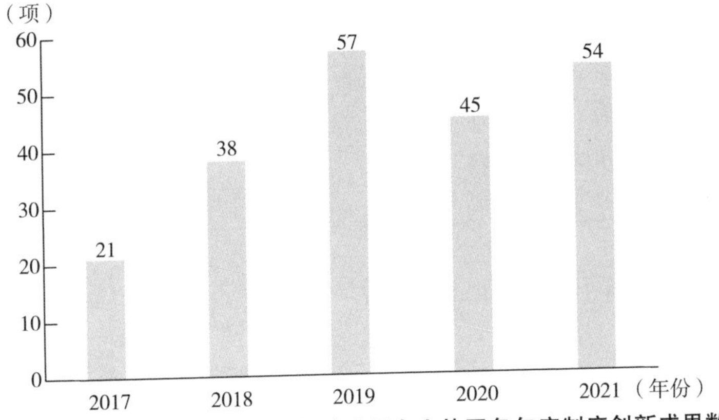

图 3-1　2017—2021 年浙江自贸试验区舟山片区各年度制度创新成果数

资料来源：浙江自贸试验区研究院。

有 30 项创新成果面向全国复制推广，其中 12 项被国务院发文复制推广（位居第三批自贸试验区前列），5 项被商务部列为最佳实践案例，13 项被国家部委复制推广，真正发挥了改革开放“试验田”作用（见表 3–1）。

表 3-1　浙江自贸试验区舟山片区向全国复制推广制度创新成果

序号	事项名称	来源
	改革试点经验	
1	简化外锚地保税燃料油加注船舶入出境手续	《国务院关于做好自由贸易试验区第四批改革试点经验复制推广工作的通知》（国发〔2018〕12号）
2	外锚地保税燃料油受油船舶便利化海事监管模式	
3	保税燃料油供油企业信用监管新模式	
4	保税燃料油供应服务船舶准入管理新模式	
5	进境保税金属矿产品检验监管制度	
6	外锚地保税燃料油受油船舶“申报无疫放行”制度	
7	保税燃料油跨港区供应模式	《国务院关于做好自由贸易试验区第五批改革试点经验复制推广工作的通知》（国函〔2019〕38号）
8	优化进口粮食江海联运检疫监管措施	
9	优化进境保税油检验监管制度	
10	国际航行船舶进出境通关全流程“一单多报”	
11	绿色船舶修理企业规范管理	《国务院关于做好自由贸易试验区第六批改革试点经验复制推广工作的通知》（国函〔2020〕96号）

续表

序号	事项名称	来源
最佳实践案例		
1	“海上枫桥”海上综合治理与服务创新试点	《国务院自由贸易试验区工作部际联席会议办公室关于印发自由贸易试验区第三批“最佳实践案例”的函》（商资函〔2019〕347号）
2	海洋综合行政执法体制改革	
3	“竣工测验合一”改革试点	
4	工程建设项目审批制度改革试点	
5	优化国际航行船舶进出境监管改革创新	《国务院自由贸易试验区工作部际联席会议办公室关于印发自由贸易试验区第四批“最佳实践案例”的函》（商自贸函〔2021〕189号）
商务部认定垂直部门复制推广经验		
1	取消因私出入境中介机构资格认定（境外就业除外）	《关于取消因私出入境中介机构资格认定有关事项的通知》（国移民发〔2018〕4号）
2	对外籍高层次人才、有重大突出贡献以及国家特别需要的外国人，经国家有关主管部门、省级人民政府或国家重点发展区域管理部门推荐，可向公安机关出入境管理部门申请在华永久居留。上述人员的外籍配偶和未成年子女可随同申请	国家移民管理局12项移民与出入境便利政策
3	在中国境内工作的外国人，连续工作满4年、每年实际居住不少于6个月，工资性年收入不低于上一年度所在地区城镇在岗职工平均工资的六倍，年缴纳个人所得税不低于工资性年收入标准的20%，可向公安机关出入境管理部门申请在华永久居留。其外籍配偶和未成年子女可随同申请	
4	在中国境内工作的外籍华人，具有博士研究生学历或在国家重点发展区域连续工作满4年、每年实际居住不少于6个月，可向公安机关出入境管理部门申请在华永久居留。其外籍配偶和未成年子女可随同申请	

续表

序号	事项名称	来源
5	国内重点高等院校、科研院所和知名企业邀请的外国专家学者，以及设区的市级以上人民政府人才主管部门、科技创新主管部门认定的外籍高层次管理和专业技术人才，可向公安机关口岸签证部门申办口岸签证入境。入境后凭邀请单位的证明函件等材料，可向公安机关出入境管理部门申办有效期5年以内的多次签证或居留许可	国家移民管理局12项移民与出入境便利政策
6	国内重点发展领域、行业引进的外籍人才和创新创业团队成员，可凭工作许可和单位函件等材料，向公安机关出入境管理部门申办有效期5年以内的居留许可。创新创业团队外籍成员，也可凭团队负责人担保函件办理有效期5年以内的居留许可	
7	有重大突出贡献以及国家特别需要的外国人，可推荐其带领的工作团队外籍成员和科研辅助人员，向公安机关出入境管理部门申办有效期5年以内的长期签证或居留许可	
8	中国境内企事业单位聘雇的外国人，已办妥工作许可、来不及出境办理工作签证的，可凭工作许可等材料向公安机关出入境管理部门申办工作类居留许可；对已连续两次办理1年以上工作类居留许可且无违法违规行为的，第三次申请工作类居留许可，可向公安机关出入境管理部门按规定申办有效期5年的工作类居留许可	
9	在国内重点高等院校、科研院所和知名企业工作的外籍高层次人才，经工作单位和兼职单位同意并向公安机关出入境管理部门备案，可兼职创新创业	
10	在国内重点高等院校获得本科以上学历的外国优秀留学生，毕业后在中国从事创新创业活动的，可凭高校毕业证书和创新创业等证明材料，向公安机关出入境管理部门申办有效期2至5年的居留许可	
11	在国际知名高校毕业的外国学生，毕业后2年内来中国创新创业的，可凭学历（学位）证明等材料，向公安机关出入境管理部门申办有效期2年以内的居留许可	
12	国内知名企业和事业单位邀请来中国实习的境外高校外国学生，凭邀请单位函件和高校就读证明等材料，可向公安机关出入境管理部门申办有效期1年的签证进行实习活动。根据政府间协议来华实习的境外高校外国学生，可按规定申办工作类居留许可	
13	探索在外国人较集中地区建立移民事务服务中心（站点），为常住外国人提供政策咨询、居留旅行、法律援助、语言文化等工作学习生活便利服务	

续表

序号	事项名称	来源
	其他	
1	危化品经营许可证核发（批发无仓储经营）事项告知承诺制	《国务院关于深化“证照分离”改革进一步激发市场主体发展活力的通知》（国发〔2021〕7号）

资料来源：作者整理。

（二）万亿级油气产业格局基本形成

浙江自贸试验区舟山片区攻坚克难，从“不产一滴油”到乘“油”而上，形成万亿级油气产业格局，跃升全球第六大国际船加油港；累计集聚油气企业9300余家，成为全国油气企业最集聚的地区，构筑了全国最活跃的油气产业发展高地。

一是世界级石化产业体系稳步推进。舟山片区坚持“民营、绿色、国际、万亿、旗舰”发展定位，在鱼山岛规划面积41平方公里，建设国际一流的世界级石化基地。基地发挥超常规建设速度，10年项目4年建成，已建成陆域面积23平方公里，成为全国最大、全球第二的石化基地。国际石化基地在国内首先采取了民营企业控股、国有企业参股的混合所有制模式，充分发挥了民营控股灵活快捷的决策机制，推动我国大型石化企业持续提质增效，进一步优化国内石化产业结构。目前4000万吨/年炼化一体化项目一期平稳运行，二期项目正式投产，成为全球最大的单体炼化一体化项目。2021年，舟山绿色石化基地加工原油2652.4万吨，实现产值1390.2亿元，产值同比增长85.9%，诞生了全市首家千亿产值企业（见图3-2）。国际石化基地成功实践了以民营企业为主体建设开发基地的发展模式，率先建成国内规模最大的石化基地，有效缓解了国内芳烃、乙烯等重要基础化工材料的保障供给。

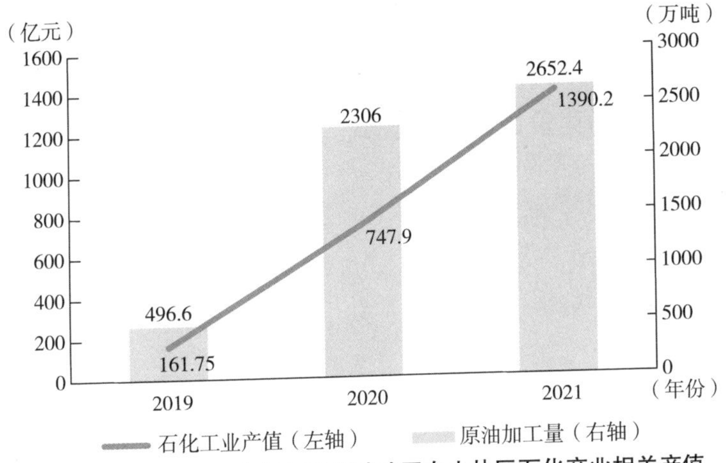

图 3-2　2019—2021 年浙江自贸试验区舟山片区石化产业相关产值

资料来源：浙江自贸试验区研究院。

推动石化基地拓展园区建设，承接浙石化富余原料就近精深加工，延伸拉长产业链。金塘、六横、定海北部、舟山高新区 4 个区块正式获省政府批复纳入石化基地扩展区。重点发展高端新材料和专用化学品，培育发展一批具有国际竞争力的产业集群，打造高端化、集约化、链群化、绿色化的一流石化深加工基地。

二是基本确立国际海事服务区域中心地位。以保税船燃供应为突破点，带动外轮供应、外轮维修、船舶管理等综合性海事服务。率先在保税船用燃料油加注领域试点便利化改革。在全国率先创新推出跨关区港区直供、保税油"一口受理"平台、申报无疫放行、港外锚地供油、一船多供、先供后报、一库多供、油库功能整合、两仓库容"总量核准、动态管理"、进境保税油检验监管制度等贸易便利化举措。2021 年，舟山港保税船用燃料油供应量达到 552.17 万吨，同比增长 17%，跃升为全球第六、全国第一的国际船舶加油港（见图 3-3）。保税船燃加注企业达到 18 家，混兑企业 12 家。同时，随着中石化船供油全球总部、中长燃保税油中心落户舟山，舟山作为我国保税船用燃料油结算中心和总部基地的地位进一步确立。舟山片区已经成为全国供油体量最大、市场主体最丰富、市场竞争最充分的区域。

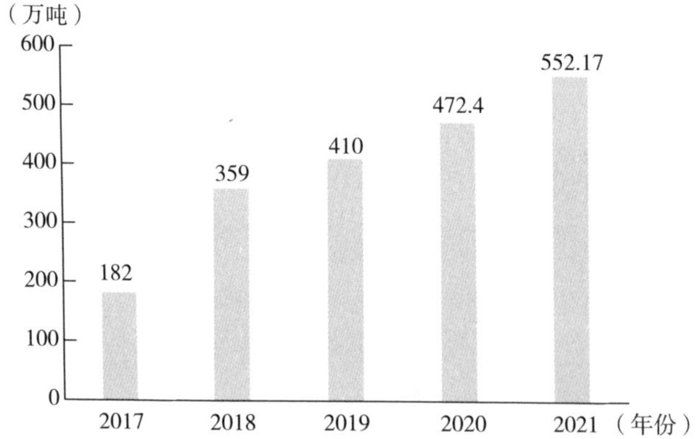

图 3-3　2017—2021 年浙江自贸试验区舟山片区船用燃料油供应量

资料来源：浙江自贸试验区研究院。

舟山片区积极培育壮大外轮供应企业，丰富外轮供应品种，外轮供应货值持续增加，常态化开展锚地物料供应，推进“一船多供、一船多能”，全国首创开展锚地综合海事服务，服务效率全面对标新加坡水平。舟山已经成为全球国际船舶修理最为集中的地区，全球排名前十的国际船舶修理企业有 4 家位于舟山。以“船舶、船东、船员”服务为核心，推动国际航运相关的海事、金融、法律、经纪等服务业发展，累计集聚各类海事服务企业和功能性机构 429 家，头部企业 40 家以上，现代航运服务集聚区已初具规模。

三是油气储运规模位居全国前列。舟山片区着眼国家能源储备需求，在离岛片区布局形成大型油品储运基地。加快码头、管网、油罐、地下油库、锚地、物流基地等物流基础设施建设，已建成黄泽山、双子山和小衢山岛等 41 个油气储运项目。培育多元化储运主体，储运能力持续提升，已拥有油品储存能力 3060 万吨，石油储备能力占全国 20%，LNG 接收能力占全省 50% 以上，成为全国最大的油气能源储备保障基地。2021 年，舟山片区油气吞吐量为 13252 万吨，相较 2020 年同期增加 503 万吨，增加 3.9%，超越青岛港成为我国油气吞吐量第一港，成为中国第一大油气贸易港（见图 3–4）。2021 年，舟山片区发布油品仓储综合价格，推进舟山油品仓储行业标准化、规范化，进一步提升油品仓储品牌影响力。

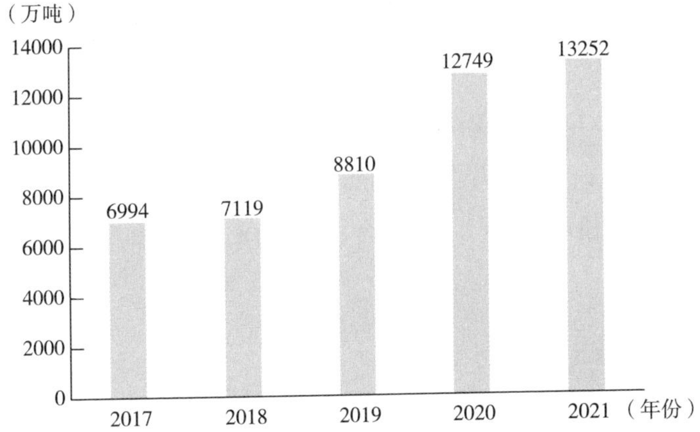

图 3-4　2017—2021 年浙江自贸试验区舟山片区油气吞吐量

资料来源：浙江自贸试验区研究院。

舟山片区积极打造海上 LNG 接收加注中心，推动出台全国首个船用 LNG 加注经营管理办法，累计形成 1000 万吨 / 年 LNG 接收能力。推进以新奥、中石化、中浙能项目为主体的全国最大的 LNG 海上登陆中心建设，成为长三角地区重要的气源基地，实现油、气资源配置齐头并进、协同发展的新格局。

四是油气贸易交易增长迅速。舟山片区着眼于油气大宗商品定价权，开展原油、成品油、保税燃料油现货交易，推动开展区域能源贸易消费结算中心建设。直接推动了国家原油和成品油流通体制改革，取消成品油批发仓储、原油销售仓储审批，成品油零售经营审批权下放至市政府。2019 年，浙江物产中大石油有限公司获批成为浙江自贸试验区、浙江省首家获得原油非国营贸易进口资质的贸易企业。2021 年，舟山片区实现大宗商品交易额 8945.09 亿元，较上年增长 27.7%；油气贸易额 7379.01 亿元，较上年增长 24.4%，占全市比重达到 94.6%；线上油气交易额 641.6 亿元，较上年增长 155.6%。

舟山片区积极推动与上海期货交易所共同建设多层次油品交易市场。2019 年，“浙油中心报价专区”正式在上期标准仓单平台上线。2020 年，上期所首次对证监系统以外的地方机构进行股权投资，签约入股浙油中心，深度推进“期现合作”。完成了上期所低硫燃料油期货首次仓单直供，已经实现燃料油、汽油等 41 个交易品种，以及现货挂牌、单向竞价、现货场外撮合、产能预售等 4 个交易模式备案及实施。

（三）开放发展向制度型纵深推进

舟山片区围绕油气全产业链的制度化体系基本形成，聚焦改革创新，逐步构建规则、规制、管理、标准等制度型体系，提升浙江自贸试验区的国际影响力。

一是强化立法和规范性文件配套。2018 年，《中国（浙江）自由贸易试验区条例》正式实施，通过地方立法建立与试点要求相适应的自贸试验区管理制度。2021 年，舟山片区又制定出台《关于进一步推动中国（浙江）自由贸易试验区舟山片区高质量发展的若干意见》，谋划舟山片区的新一轮高质量发展。2017 年以来，舟山片区陆续推出《中国（浙江）自由贸易试验区国际航行船舶保税油经营管理暂行办法》《中国（浙江）自由贸易试验区国际航行船舶保税 LNG 加注试点管理办法》《中国（浙江）自由贸易试验区大宗商品现货交易市场管理办法》《中国（浙江）自由贸易试验区舟山片区开展合格境外有限合伙人（QFLP）境内股权投资暂行办法》《中国（浙江）自由贸易试验区内商事主体登记确认制改革实施方案》《舟山市商事登记“一窗受理、集成服务”实施细则》《中国（浙江）自由贸易试验区改革创新容错免责暂行办法》等 30 余项政策文件。

二是以规则标准争取大宗商品资源配置影响力。2021 年 6 月，上海期货交易所和浙江国际油气交易中心联合研发编制的“中国舟山低硫燃料油保税船供报价”正式发布，形成首个以国内期货市场价格为定价基础的人民币报价机制。“舟山价格”的形成推动了中国首次在保税低硫燃料油加注领域应用自己的价格指数，打破了保税燃料油价格严重依赖国际定价的局面。“中国舟山低硫燃料油保税船供报价”自上线运行至 2021 年底，现货企业以其为基准，已成交保税燃料油超 75 万吨，船供油看“舟山价”已成为业内共识。舟山片区还制定出台全国首个《船舶燃料油加注系统计量技术规范》《国际航行船舶保税燃油供应业务操作规范》《中华人民共和国海关保税油跨关区直供业务监管操作流程》《中国（浙江）自由贸易试验区国际航行船舶物料供应管理办法（试行）》《中国海事仲裁委员会燃油供应标准合同》等规范性文件，并推广成为全国标准，以规则、标准引领发展。

（四）人民币国际化取得新突破

舟山片区着眼于推动大宗商品跨境贸易人民币国际化，扩大金融服务领域开放，推动金融管理领域体制机制创新，改革创新效应持续显现。2017 年以来，助力发展海洋特色金融产业，累计招引金融、类金融企业 33 家，实现金融资本投放量 151 亿元。

一是开展油品贸易跨境人民币支付便利化。推进油品转口贸易跨境人民币结算，成为国家资本项目收入结汇支付便利化 5 个试点地区之一。成功开展了自贸试验区油品类企业便利化支付业务，便利化程度在全国各自贸试验区中位居前列。人民币资金池业务、境内外汇账户不落地结汇、外汇支持船用燃料油特色产业等业务积极开展。2021 年，舟山片区完成跨境人民币结算量 1038.6 亿元（见图 3–5），占全省 9.5%，居全省第三位，其中大宗商品跨境人民币结算量 60.06 亿元，较上年增长 122.1%；完成新型离岸国际贸易（含全球船供油）跨境收支 1.25 亿美元，较上年增长 84.6%。

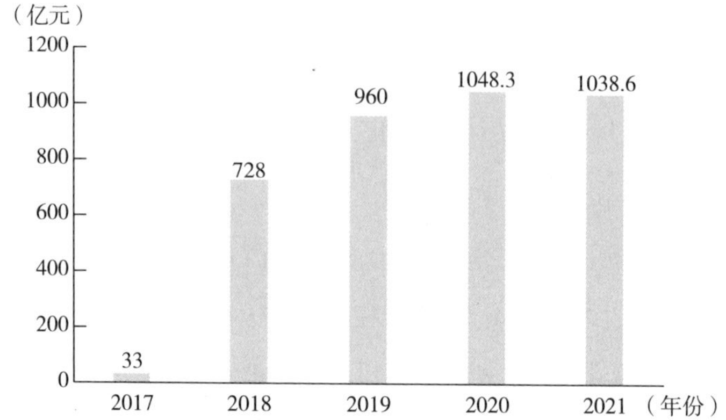

图 3-5　2017—2021 年浙江自贸试验区舟山片区跨境人民币结算量

资料来源：浙江自贸试验区研究院。

二是积极发展融资租赁。推动境内外投资者在自贸试验区设立融资租赁企业，进一步推进内资融资租赁企业试点。舟山片区有各类融资租赁企业 266 家，其中内资试点融资租赁公司 29 家，外资融资租赁公司 237 家。积极拓展仓单质押融资等功能，在全国率先打造油品交易领域首个区块链“仓单通”融资平台。通过“仓单通”产品，实现了保税380CST燃料油期货仓单上海期货交易所挂牌交易，完成了国内自贸试验区首单大宗商品仓单质押融资业务等，有力推动完善大宗商品仓单风险控制管理、仓单标准化与交易流程。2021年，制定出台了《中国（浙江）自由贸易试验区舟山片区开展合格境外有限合伙人（QFLP）境内股权投资暂行办法》，推动首单QFLP基金顺利落地，规模达到1亿美元。

（五）对地方经济发展引领作用显著

浙江自贸试验区舟山片区着眼新时代改革开放新高地的国家战略，融入国内国际双循环新发展格局的重要枢纽，引领舟山市不断推进高水平建设现代海洋城市，打造共同富裕示范区先行市。

一是服务国家战略、助推地方经济、聚焦产业培育、加速产业壮大，发挥了改革开放“排头兵”的示范引领作用，拉动全市经济快速增长。新增注册企业数、规上工业总产值、实际利用外资、税收、外贸货物进出口总额等均占全市一半以上。2021年，舟山市GDP较上年增长8.4%，两年均速居全省第一；规上工业增加值较上年增长18.8%，与2019年相比，两年年均增长38%，居全省第一；新设企业8954家，较上年增长21.7%，占全市78.1%；实现规上工业总产值1485.73亿元，较上年增长80%，占全市63.8%；油气贸易额6800亿元，较上年增长21.9%，占全市94.7%；实际利用外资3.15亿美元，较上年增长34.3%，占全市62.5%；实现税收184.2亿元，较上年增长81.7%，占全市65.4%（不包括ITS个人所得税收入）；外贸货物进出口总额1880亿元，较上年增长52.1%，占全市82.8%。

二是推动舟山产业结构实现重大调整，主导产业从原来的渔业、临港产业转型提升为以油气石化为核心，海洋科技、海事服务、海洋旅游协同发展，绿色石化产业规模超千亿，波音完工和交付中心顺利建成，成为长三角地区经济发展速度较快的地级市之一。有效提升舟山城市美誉度和影响力，成功举办了4届世界油商大会，形成了全球油气领域国际化、专业化、市场化的合作平台，进一步扩大舟山在世界油气行业的地位和影响力。

同时，我们也要看到，浙江自贸试验区舟山片区的发展还存在不足和差距：一是政策创新突破难度大，特别是在大宗商品期现交易、通关监管、储备轮换机制体制上还有诸多难点。二是金融服务开放创新不足，特别是在资本项目可兑换方面没有实质性进展。三是对标国际标准建设自贸港先行区还存在差距，特别是国际自贸港通行的税收、跨境资金流动自由上还有待改进。

四、高质量发展未来可期

站在新起点上，浙江自贸试验区舟山片区正为推动新一轮高水平对外开放和高质量发展发挥引领和示范作用，进一步聚焦国家所需、国际所认、市场所盼、舟山所能，围绕大宗商品特色，更大力度推进浙江自贸试验区舟山片区高质量发展。

一是突出改革开放带动。对标国际最高标准，突出竞争力提升，切实抓好重大项目落地，进一步提升油气全产业链投资便利化和贸易自由化水平，打造具有国际影响力的油气资源配置中心。紧紧抓住制度创新这一核心，聚焦“制度含金量”取得更多对接国际标准的制度创新成果，聚焦“战略产业链”大力提升以油品为核心的大宗商品全球配置能力，全力迈向3个“1亿吨”的目标，即1亿吨油品储备能力、1亿吨炼油能力、1亿吨交易能力。

二是扎实服务国家战略。要着眼国家经济运行、能源供给，保障国家油气、矿石、粮食等重要资源型初级产品的供给安全，加快推进国家大宗商品储运基地建设，提升大宗商品储运中转加工能力和贸易交易水平，打造大宗商品双循环核心枢纽。开展保税燃料油跨关区直供无纸化业务，推进供油市场长三角一体化。

三是谋定自贸港目标不放松。继续对标国际自贸港的通行做法，推动在大宗商品等特定产业、特定区域、特定需求上开展财税机制、跨境资金流动等制度创新，继续谋划推进海事特别服务区建设，做强国际海事服务产业，开展离岸金融、离岸贸易结算。

四是引领区域经济高质量发展。发挥自贸试验区带动作用，深化产业协同，加快布局石化中下游产业链，拓展海洋产业更大发展空间，打造高质量发展的开放平台。瞄准世界一流强港，发挥通关监管数字化的领先优势，以数字化改革为牵引，打造口岸通关领域数字化改革高地，推动港产、港贸、港城一体化发展。融入长三角一体化，推动甬舟一体化，共谋全球海洋中心城市。

展望未来，浙江自贸试验区舟山片区要瞄准新要求、坚持高标准，以更大力度推进自贸试验区油气全产业高质量发展，改革创新系统集成，统筹安全底线和风险防范，努力建成具有国际影响力和竞争力的自由贸易港。

执笔人：易传剑　方晨

第四章

南京市六合区：发达地区“经济洼地”抓住区域发展战略机遇实现赶超*

---

* 本章来自国研智库“高质量发展典型案例”调研组：《发达地区“经济洼地”后发赶超新样本：南京市六合区高质量发展情况调研报告》，《中国经济报告》2022 年第 1 期。

位于长江以北的南京市六合区，拥有2500多年建城史，历史文化悠久，但过去一江阻隔、交通不便，与外部缺少协同联动，经济发展滞后，是典型的发达地区“经济洼地”。近年来，六合坚持以习近平新时代中国特色社会主义思想为指导，深入贯彻新发展理念，服务和融入新发展格局，主动发现和抓住“一带一路”、长江经济带、长三角一体化、国家级江北新区、南京都市圈、南京拥江发展等重大发展机遇，敏锐把握新一轮科技革命和产业变革以及“双碳”目标带来的“机会窗口”，找准自身定位，挖掘资源禀赋，坚决走高质量发展之路，展现一个不一样的“新六合”。国家和省市多重战略机遇叠加，充分激发出六合的区位优势，使六合跃升为南京都市圈北翼交通枢纽和南京的江北门户，肩负着“桥头堡、连接点、传导区”的职责使命，资源集聚力和对外影响力不断增强，原本的地理区位劣势迅速转变为区位优势，拓宽了发展空间，积蓄了发展潜力。

随着长三角一体化等区域发展战略的持续推进，地区发展空间逐渐打开，六合积极转变发展思路，将高质量发展作为重大战略契机，聚焦经济发展高质量、政府治理高质量、城乡发展高质量、生态环境高质量、人民生活高质量，努力探索符合本地实际的高质量发展之路。为了把区位优势更好地转化为高质量发展优势，实现后发赶超、争先进位，六合区委、区政府经过反复研讨分析，发现六合尽管在成本竞争力（土地、劳动力、住房等）、产业基础、生态环境等方面具有比较优势，但迫切需要紧扣区位优势，在基础设施、配套政策、营商环境、宜居环境、产业集聚、创新驱动等方面重点发力，凸显后发优势。通过发挥有效市场和有为政府的作用，高起点、高标准、高水平加快交通、5G等传统基础设施和新型基础设施建设，构建新的城乡布局、产业布局、创新布局，不断强化产业支撑、完善城市功能、提升人居品质；通过加大改革创新力度，逐步夯实政策优势、发掘成本优势、锻造生态优势、强化治理优势，招引符合产业导向的先进制造企业和高科技企业纷纷落户六合，形成以新能源、智能制造、节能环保等为主导产业的战略性新兴产业集群，推动产业链补链强链和高端绿色转型，培育经济发展新动能，正在成为南京高质量发展新的重要增长极。

一、将后发优势转化为创新发展强劲动力

六合抓住长三角一体化等国家和区域重大发展机遇，紧扣南京“引领性国家创新型城市”建设，坚持把做强做优实体经济作为最紧迫的任务，积极发挥区位、成本、治理、服务、生态、宜居等后发优势，吸纳创新要素聚集，以科技创新驱动主导产业优化升级，经济高质量发展迈上新台阶。

一是聚焦主导产业，加速打造千亿级新能源产业集群。坚持集群化、高端化、绿色化、智能化发展方向，聚焦新能源、高端装备制造、节能环保等主导产业，集聚链主企业和龙头企业。2020—2021年，六合累计签约亿元以上项目469个，其中先进制造业占全部项目数的69%，均为主导产业项目，目前六合主导产业规上产值占规模以上工

业产值比重达65.4%。2019—2021年，工业投资同比增速分别为11.4%、27.3%、38.2%，连续3年位居南京市五郊区（老五县）第一。2020年以来，多个百亿级战略性新兴产业项目先后落地。目前以国轩电池、日立安斯泰莫、利德东方等新能源龙头企业为核心的千亿级新能源产业集群加速崛起，初步形成上游包括动力电池、材料及零部件，中游包括整车制造，下游包括充换电设备制造及运营服务、电池回收的产业链；同时，六合积极培育智能网联汽车、氢燃料电池等新产业新业态。现代服务业加快发展，旅游、文化、健康、农业等产业融合发展取得明显成效。

二是构筑“两区一港”平台，大力推进科技创新驱动产业发展。围绕实体经济和先进制造业高质量发展抓创新，以经济开发区、高新区、科技创新港为平台，全力推动产业创新发展。六合通过与知名高校深化校地合作，加快打造南京引领性国家创新型城市北部增长极。政策持续发力，出台促进科技创新“1+12”政策体系。创新载体加快建设，累计在建、投用科创载体和产业化空间超过100万平方米，科创中心成功创建省级科技企业孵化器和市级留学人员创业园，六合经开区获得南京市“独角兽瞪羚企业培育优秀载体”称号，龙池科技企业孵化器获国家级、省级绩效评价双优秀。创新要素加速集聚，积极引进高层次人才和研发一体化项目，南京长江工业技术研究院、南京信息工程大学国家大学科技园落户六合高新区，2021年高新技术产业投资增长64.3%。产业创新能力明显增强，大力培育国家级专精特新“小巨人”企业和省级专精特新企业，近几年净增高新技术企业年均增长超50%。

2020年六合在省对区、市对区高质量考核中均前进5个位次，取得历史性突破；2021年市对区高质量发展考核位次继续巩固保持，中国工业百强区排名第29位（两年前进42位），乡村振兴实绩考核继续保持全省综合考核第一等次，并被评为省营商环境先进区、省知识产权强省建设示范区、省级生态文明示范区。六合能够从一个“经济洼地”实现后发赶超和争先进位的原因，在于六合通过充分融入区域发展战略，扭转了自身发展劣势。2021 年以来，尽管受到经济下行压力及新冠疫情等不利影响，六合主要经济指标增幅依然位居南京市前列，对南京经济增长贡献度明显提升，2021 年地区生产总值为 567.56 亿元，同比增长 8.6%，一般公共预算收入同比增长 13.7%，工业投资同比增长 38.2%，全体居民人均可支配收入同比增长 9.6%，增速均排名六郊区第一；规模以上工业增加值同比增长 23%，全社会固定资产投资同比增长 12.5%，增速均排名全市第一。

二、积极推行“五化”“放管服”改革

营商环境是一个地方重要的软实力和发展的核心竞争力。近年来，六合坚持深化改革，不断提升政府治理能力，持续优化营商环境（政务、市场、法治、社会“四个环境”），释放发展活力，发展能级和发展优势明显提升。

一是以招商市场化、园区去行政化、平台实体化、考核逆向化、推进联动化“五化”改革为突破口，激发内生动力和活力。实行招商体制机制市场化改革，2020 年以来，招商引资工作保持强劲势头，多次荣获全市招商擂台赛“目标任务进度奖”“重大项目推进奖”，被评为年度考核“优胜单位”。2021 年，实际利用内资、实际利用外资、亿元以上签约项目数分别完成年度目标的 138.7%、136.9%、259.5%，15 个省市重大项目实施率 100%。深化开发园区去行政化改革，园区综合实

力大幅跃升，六合开发园区在全省省级开发区排名较2016年前进了18位，排名第19，获评中国营商环境十大创新示范区、中国经济十大最具投资价值开发区、江苏省智慧园区。大力推进国资开发平台实体化改革，有效带动社会资本、各方力量参与城市发展、基础建设和文旅资源开发利用。创新推行机关部门考核逆向化改革，在全市首创企业服务考核办法。加强项目专班推进联动化改革，投资100亿元的国轩新能源智能制造基地及配套项目，实现当年签约落地、当年开工建设，体现了六合的速度和温度。

二是以“放管服”改革为主抓手，营造一流的营商环境。六合始终把优化营商环境作为推动高质量发展的“生命线”，推进审批服务便利化、高效化，在全省率先推出“一网通”“一区通”等便民措施，在市民中心设立“企业服务专区”，打造集“法治服务、金融服务、代办服务和惠企政策”于一体的涉企综合服务平台。营商环境“111”法治服务体系获评全省法治建设创新奖。2020年创新推出惠企政策“免申即享”，让企业免予申报即可享受政策，通过部门联动协作和数据跑腿，高企税收优惠等4个事项实现“免申即享”，目前已有数百家企业享受“免申即享”扶持资金，此服务模式被国务院、省市推广。六合用更有温度的服务理念、更有力度的扶持政策、更有包容度的发展氛围，为企业壮大和人才发展厚植创新土壤、搭建广阔舞台，推动了经济高质量发展。

三、着力推进新型城镇化和乡村振兴

深入贯彻以人为核心的新型城镇化，扎实推进乡村振兴，通过优化功能布局，推动城乡、产城融合发展，城乡面貌、功能服务和人居品质显著改善，城乡高质量发展呈现新气象。

一是统筹布局“两城四片区、五带多极点”，产城融合“新六合”矗立江北。围绕打造南京的都市北田园，立足资源禀赋和产业基础，形成“两城四片区、五带多极点”的空间布局，城市功能不断增强，城市管理更加精细，宜居品质大幅提升。“两城”，即雄州主城和龙袍新城。后者是南京九大新城中最后一个启动开发建设的新城，也是国家级江北新区两大新城之一，坚持“大保护大格局、高起点高质量”，坚持“建一片、成一片”，打造“对外有颜值、对内有品质”的江畔生态智城。“四片区”，即依托雄州东扩、灵岩山板块开发，建设科技创新发展功能区；依托六合开发区和高新区，建设现代工业功能区；依托金牛湖——冶山旅游度假区，建设现代服务业功能区；依托 9 个省市级农业园区，建设现代都市农业功能区。“五带”，即沿地铁 S8 和金江公路的产业集聚带、沿滁河生长的城镇发展带、沿长江的滨江活力带、沿“东西南北中”5 条干线的文旅康养带、沿周边地区的跨界合作带。“多极点”，即统筹推进新市镇、新社区建设，打造一批各具特点、富有魅力的经济板块，促进城乡融合协调发展。

二是在脱贫攻坚基础上全面推进乡村振兴，位列全省实绩考核第一等次。脱贫攻坚任务圆满完成，获江苏省脱贫攻坚组织创新奖。做大做强绿色蔬菜、优质稻米两大农业主导产业，被认定为首批省级绿色蔬菜产业特色县，全市唯一入选全国农业社会化服务创新试点县，现代农业产业园入选首批国家农村产业融合发展示范园，龙池、程桥现代农业园成功创建省级现代农业产业示范园，龙池鲫鱼、六合板栗、大圣水芹等农产品获评国家地理标志农产品，成为农民增收的支柱产业；农业科技进步贡献率达 70%，创成“中国好粮油”行动示范区，农村危房改造获国务院督查激励，粮食工作、棚户区改造、高标准农田建设及高效节水灌溉工作获省政府督查激励。全市首家农业电商直播基地揭牌运营。积极盘活农旅资源，拥有石柱林国家地质公园和金牛湖旅游度假区、平山森林公园2个国家4A级旅游景区，竹镇大泉村等民宿被授予全市首批“职工疗休养基地”。扎实推进农村人居环境和基础设施整治提升工作，建成省市级美丽乡村449个，龙袍街道长江社区四组、程桥街道金庄社区肖王盛、冶山街道双墩村金庄创成省级特色田园乡村，获评“四好农村路”省级示范区、全省首批完成农村人居环境整治提升重点任务区。六合因乡村振兴实绩突出，自2020年以来，连续两年位列全省综合考核第一等次前列。

四、主动谋划和锻造生态环境之长板

六合襟江带滁、得天独厚，是国家级生态区。近年来，六合突出人与自然和谐共生，全力打好污染防治攻坚战，生态环境质量持续改善，创成省级生态文明示范区。在主要生态环境指标上，PM2.5浓度均值较5年前下降了40%以上，单位地区生产总值二氧化碳排放、单位地区生产总值主要污染物排放达到省定标准，地表水好于Ⅲ类水质比例达100%，绿色高质量发展展现新面貌。

一是坚决推进长江大保护，筑牢高质量发展绿色根基。坚决贯彻落实“共抓大保护、不搞大开发”要求，把保护和修复长江生态摆在压倒性位置，对长江经济带生态环境问题“零容忍”，扎实推进“十年禁渔”和“百项提升工程”。有序关停拆除沿江造船厂、关闭退出化工企业。累计修复长江湿地6770亩，长江岸线绿化造林2116亩，修复完成长江经济带10公里范围内废弃露天矿山1696亩，新增成片造林5.48万亩、绿地5000亩，创成龙袍长江省级湿地公园、池杉湖省级湿地公园。这些举措为六合高质量发展拓展了新空间，有效筑牢低碳绿色发展的根基。

二是污染防治齐头并进，提升生态环境与经济发展契合度。高质量完成滁河、八百河等河道综合治理重点工程；整治关停“散乱污”企业80家，升级改造121家，利德东方被评为国家级绿色工厂；开展入江排污口专项整治，实施雨污分流改造建设，全区域基本消除劣Ⅴ类水体，国考、省考断面水质稳定达标，地表水环境质量排名全省前列；建成生活垃圾收运体系，2021年度城市治理考核位列全市郊区组第一。坚持以绿色化引领经济社会发展，能耗双控因企施策，严格督查考核，确保削减任务落实；鼓励风电产业发展，推进整区屋顶光伏开发试点建设，提升绿电比例；大力发展生态工业、生态农业、生态旅游等绿色产业。2021年全区空气质量优良天数比例为85.8%，排名全市第一。

五、坚定不移致力于为民谋福祉

近年来，六合深入贯彻以人民为中心的发展思想，用心用情用力办好民生实事，富民增收工作取得良好成效，不断提高群众的获得感、幸福感和安全感，人民生活高质量取得新成效。

一是居民收入增速跻身南京郊区第一，基本公共服务持续优化。2021年六合居民人均可支配收入增长9.6%，排名南京市六郊区第一。

社会消费品零售总额增长 12.1%，排名六郊区第二。一般公共财政预算支出的 80% 以上用于民生社会事业，基本公共服务能力已基本达到全市平均水平。社会保障体系实现城乡全覆盖，城乡居民医疗保险实现同城同标同待遇，养老保险实现城乡同标。基础教育和医疗服务水平稳步提升，实验高中创成省“四星级”高中，积极引进优质教育资源和医疗资源，与南京师范大学、南京师范大学附属中学、中国药科大学、江苏省人民医院开展合作办学办医，龙池、龙袍建成省级健康街道，龙池、龙袍、金牛湖创成国家卫生街道。

二是积极探索乡村善治之路，社会大局和谐稳定。因地制宜建立以党建为引领、网格为基础、自治法治德治相结合为路径的“1+1+3”现代乡村治理体系，荣获全国创新社会治理典型案例“最佳案例”，入选江苏省现代社区治理创新实验区。坚持和发展新时代“枫桥经验”，构建多元参与的乡村基层治理“一网五联”工作机制，依托创新社会治理网格化“一张大网”，采取上下联动、多方联合、上门联系、智能联勤、责任联考“五联”举措，实现矛盾早发现、风险早预判、问题早处置。冶山街道创成全省首批法治文化特色小镇。在基层治理创新方面，代表性案例是成功化解垃圾焚烧发电厂“邻避效应”风险，该项目 2020 年 9 月 23 日正式开工建设，2021 年 11 月实现点火运行，并于当年底并网发电。

执笔人：牛禄青

第五章

肇庆高新区：推动粤港澳大湾区新能源智能汽车产业新城高质量发展

汽车产业是国民经济重要的支柱产业，也是广东制造强省的重要支撑。近年来，广东省通过出台重点培育发展战略性产业集群等一系列政策，推动“汽车第一大省”向“新能源汽车第一大省”转变。广东肇庆高新区在肇庆市委、市政府的领导下，认真贯彻落实省委、省政府的决策部署，不断做大做强新能源汽车产业，其“智能网联新能源汽车产业”2021 年获国家科技部确定为创新型产业集群，正致力于打造粤港澳大湾区新能源智能汽车产业新城。在具体实践中，肇庆高新区以引育龙头“链主”企业为重点，着力零部件配套补链强链，推动产学研结合，优化营商环境，创新党建和业务融合发展，推动新能源智能汽车产业新城加速崛起。

一、重点引育产业龙头“链主”，刷新“肇庆速度”

肇庆高新区是肇庆工业发展的主战场、重要发展平台，位于肇庆最东端，距广州市区 50 公里，与佛山仅一河之隔，处于粤港澳 2 小时经济圈，二广、广佛肇、珠三角外环 3 条高速公路，贵广高铁、南广高铁两条铁路，北江穿境而过，并连通珠江“黄金水道”，距离广州白云机场仅 40 分钟车程，拥有“水陆空”立体交通网络，区位优势明显。作为肇庆市培育新能源智能汽车产业的重大平台，肇庆高新区坚持“产业强市、制造业优先”，始终把招商引资作为“生命线”抓紧抓实，创新协同招商工作机制和招商模式，激发各方招商的积极性、主动性和创造性，取得了良好的经济效益和社会效益。

全力服务小鹏汽车做大做强。2017 年 4 月，经过前期的招商引资工作，“造车新势力”之一的小鹏汽车正式签约落户肇庆高新区，建设其全球第一个生产基地。肇庆高新区大力支持小鹏汽车发展，及时解决用地、物流、用工等问题。该基地自 2018 年 6 月动工建设，历时 15 个月建成主体厂房，于 2020 年 5 月 19 日正式投产、下线第一辆小鹏 P7。2020 年，该基地实现整车生产约 1.8 万辆。2021 年 8 月启动小鹏汽车肇庆二期项目，当天签约、当天动工——该项目通过增资扩产、提质增效等方式进行建设，项目达产后，肇庆智造基地整车设计产能从年产 10 万辆可提高到 20 万辆。2021 年小鹏实现整车生产 8.5 万辆，电池包 6.4 万个，产值突破 200 亿元。2022 年 1—9 月，生产整车 10.5 万辆，同比增长 133.87%，实现产值约 200 亿元，同比增长 70.94%。

高效推动宁德时代项目“极速”落地建设。肇庆高新区坚持要素为先、诚意招商，在与宁德时代首次接洽后，马上启动要素完善保障工作，50 天完成项目拟选址 1075 亩土地的收拆工作，60 天完成 400 万立方米的土方平衡，首期投资 120 亿元的宁德时代动力及储能电池肇庆项目（瑞庆时代）签约落地。肇庆高新区坚持扁平高效、诚心服务，通过工作专班和临时联合党支部，对多个审批服务事项试行“提前介入、提前预审、即日初审、当天办结”机制，于 2021 年 3 月 22 日前完成项目开工前期手续。3 月 28 日，2021 年第一季度广东省重大项目集中开工活动在项目现场举行。自此之后，项目 7×24 小时全天候无障碍高效建设，将千亩平地变为 14 栋主体建筑同时建设的大工地，6 个月完成约

50万平方米建筑封顶，11个月实现模组厂房电池样品下线，14个月实现首条电芯生产线投产及首批成品电芯出货。2022年，作为宁德时代下属公司的瑞庆时代电芯厂房共6条生产线已全部投（试）产，投产4个月已实现产值约30亿元，创造了宁德时代的“肇庆速度”。

随着小鹏汽车和瑞庆时代这两个“龙头”企业的落地投产，肇庆高新区把其列为新能源汽车产业的“链主”，全力服务促进其不断发展。肇庆高新区通过与有关企业创新协同招商工作机制，期望在未来2~3年内引入上下游供应链项目80~100家，在肇庆共同打造世界级新能源智能汽车产业集群。

二、着力配套强链补链，不断壮大产业集群

在小鹏汽车和瑞庆时代两个龙头“链主”的带动下，肇庆新能源汽车及零部件产业产值两年内相继突破300亿元和400亿元，预计未来可实现千亿产业集群助力新能源智能汽车产业新城高质量发展。

创新工作机制引进配套企业。自小鹏汽车落户以来，肇庆高新区与小鹏汽车建立联合招商工作机制和政企互动交流机制，不断提升整体产业的聚合度和竞争力，越来越多的产业链上游零配件企业也随之落户肇庆高新区。肇庆高新区预留4200亩土地作为小鹏汽车、宁德时代增资扩产和相关配套用地，围绕小鹏汽车、宁德时代开展强链、补链、延链招商，初步形成覆盖整车和电池、电机、电控等关键零部件的产业链，汽车零部件集聚发展趋势愈发明显，新能源汽车与智能网联、汽车零部件产业集群持续发展壮大，其中，动力金属、天铭新能源科技、卡莱斯

实业、震裕汽车部件、安道拓汽车部件等一批优质产业链配套企业已经引育成功。2022 年 5 月 30 日，首期占地 1048 亩的小鹏智能汽车配套零部件产业园动工建设，当天即有 6 宗小鹏汽车配套项目签约落户。2022 年，肇庆高新区已引进新能源智能汽车产业项目 20 个，储备新能源汽车项目约 40 个，预计 3 年内可落户 80 多家企业。一个集整车生产、新能源储能、汽车关键零配件、汽车轻量化、汽车后市场等领域的新能源汽车产业生态正在加速形成。

龙头“链主”带动产业转型升级。随着肇庆高新区新能源汽车产业的快速发展，原有产业和企业转型升级的动力不断增强，在相关政策的鼓励支持下，一批存量企业顺势而为，加快转型升级。其中，华南地区最大的不锈钢金属板材生产商宏旺金属公司，2021 年新投资 1.5 亿元建设硅钢和高效电机生产线。主要从事 SMC/BMC 复合材料和产品研发、生产及销售的广东百汇达新材料有限公司不断开发适用于新能源汽车的新产品，目前已成为华南地区最大的新能源乘用车电池盖供应商，为小鹏、比亚迪等行业标杆企业供货。合普动力通过不断加强技术研发、提高产品品质，已经掌握了高效电动汽车电机、控制器、减速器等核心技术，成为小鹏主要车型的电机供应商。目前，肇庆高新区拥有新能源汽车及汽车零部件企业共 72 家，包括整车制造企业、三电系统制造企业、其他汽车零部件制造企业、汽车后市场企业、产业链配套设备制造企业、技术服务企业等，近地化配套逐步提升，企业综合竞争力日益提高。

正是这些龙头“链主”的迅猛发展，带动肇庆高新区及周边现有的改装汽车制造、动力电池和汽车零部件及配件制造相关企业加快发展，强链型、补链型配套项目不断落地，促进了新能源汽车产业链供应链的构建，一个以高新区为中心、以相关头部企业为龙头、周边相关企业加速配套的肇庆新能源汽车产业集群不断发展壮大。

三、推动产学研结合，强化创新能力建设

肇庆高新区深入实施创新驱动发展战略，坚持以创新为第一动力，围绕新能源汽车产业发展推动创新主体建设，鼓励和支持整车企业、关键零部件企业与高等院校、科研院所实行产学研合作，助力各类创新平台载体高质量发展。

重点扶持新能源汽车及汽车零部件科研项目。肇庆高新区在关键技术领域开展“揭榜挂帅”，对新能源汽车及汽车零部件领域的“多形态、混杂材料、多功能一体成型的关键技术”项目、“一种适用于汽车结构件的免热处理铸造铝合金材料的连接技术”项目等给予立项和专项资金扶持。小鹏汽车、理士电源、合普动力及玛西尔等新能源汽车及零部件行业的龙头企业、重点企业，积极承担省级以上重大科技专项及重点领域研发项目，“十三五”期间，相关企业承担的省重点研发领域计划“新能源汽车及零部件”项目 4 项，并通过这几个重大项目联合承担单位 12 个，其中国内高等科研院校 4 个，推动新能源汽车及零部件产业科研能力建设迈上新台阶。

持续推进创新载体和关键核心技术攻关。为加快打造粤港澳大湾区新能源智能汽车产业新城，肇庆高新区实行专项规划国际竞赛开展总体规划设计，提出了建设“国家智能网联先导区”“国家双碳先行示范区”的目标愿景，明确强化整车企业、关键零部件企业与高等院校、科研院所的产学研合作，推进各类创新平台载体建设，打造聚集科研、测试、检验检测和工业设计等各种形态的、充满生机活力的科技创新园。2018 年，肇庆市内超 60 公里的城市道路被选作自动驾驶城市路测示范

区，成为全国首个城市级自动驾驶路测示范区。目前，依托小鹏汽车智能网联科技产业园，小鹏汽车建设自动驾驶试验场和技术中心研发试验分析场等正在落实，一批新能源汽车及汽车零部件产业领域的科技创新平台，包括省重点实验室、新型研发机构、工程技术（研究）中心等正在洽谈或落地，将为构建具有全球竞争力、引领性的创新链提供有力支撑。

四、不断优化营商环境，创新提升“肇庆服务”

为加快建设一流营商环境，肇庆高新区以企业需求为导向，深入推进“放管服”改革，在“优”“快”“简”上下功夫，重点围绕企业全生命发展周期，提出加快“智慧大旺”建设、提升开办企业便利度、推动工程项目审批改革等9大改革目标和50项具体改革措施，积极打造隔墙供应、及时响应的智慧园区，为市场主体提供全程保驾护航，为创新创业团队、领军人才购房、技能提升等提供“家门口”保障。

首创“首席服务官”制度，促进产业高速发展。肇庆高新区在肇庆市首创“首席服务官”制度，一对一协调解决挂点服务企业在项目落地、开工竣工和生产经营中遇到的困难和问题，打通服务产业项目“最后一公里”。肇庆高新区通过打破部门职能界限，采取“一企一策”量身定制的服务方式，对项目从落地到投产各环节实施全流程“精准化”服务。首席服务官不定期对挂点企业进行走访，协助企业解决项目建设或生产经营的问题。在首席服务官全力推动下，宁德时代项目1小时内领取营业执照、1 个工作日内完成土地证照办理、2 个工作日内取得“先建后验”施工通知单，实现拿地即开工。新冠疫情发生后，首席服务官就地转化为派驻企业疫情防控专员，指导企业全面落实疫情防控措施，确保企业生产经营活动顺利开展。2022 年上海市在新冠疫情期间，通过首席服务官第一时间梳理挂点企业在物流和供应链存在的困难，持续加强与广东省工业和信息化厅、国家工业和信息化部驻上海专班等沟通联系，全力协调保障小鹏汽车、瑞庆时代等龙头企业产业链供应链畅通稳定，确保企业正常有序生产经营。此外，首席服务官借助数字招商平台精准匹配跟踪，将优质企业与项目纳入“目标资源库”，开展精准登门招商。2021 年，全区首席服务官累计报送上下游企业信息 2307 条，累计登门拜访“千企”项目 1202 家，其中 127 个项目已通过区项目入园评审，77 个项目已签约，成效显著。

打造惠企政策匹配器，惠企服务精准有效。针对惠企政策“找不到、读不懂、报不上、兑不了”等问题，肇庆高新区在全省率先打造惠企政策匹配器，帮助企业实现政策匹配、千企千面。惠企政策匹配器按产业类型、支持方向等不同维度汇聚各层级各部门超过 7500 条政策，形成动态“政策库”。通过政策信息与企业信息智能双向匹配，一秒得出符合企业申报条件的政策，主动推送适配企业，真正变“企业找政策”为“政策找企业”。截至 2022 年 10 月，肇庆高新区共有 853 家企业注册使用平台，平台通过专家团队解读政策结合人工智能算法匹配企业标签的方式，共协助企业申请奖补 3436 次，帮助 500 多家企业以及近 5 万个企业人才和职工向上级争取资金约 4.8 亿元。

搭建免申即享服务平台，实现全生命周期服务。肇庆高新区率先在全省搭建首个免申即享服务平台，与惠企政策匹配器配合，构建起“政策一网汇集、数据实时更新、企业一键匹配、清单精准推送、奖补免申即享”的全生命周期政策服务体系，实现惠企利民政策“精准推送”“免申即享”。免申即享服务平台是创新政策兑现、创新服务企业模式的重要举措，实现由“人找政策”向“政策找人”、由“兑现慢”向“秒到户”的转变。“免申即享”服务平台秉承围绕企业资金申报“秒办、秒批、秒到户”服务理念，探索推出行政审批创新，通过对接省、市政务大数据平台数据接口，以工商、税务、社保、信用、学历等信息为基础，运用大数据手段，围绕肇庆高新区现行的各类奖励、优惠政策，实现各级奖补政策与申报功能相结合，为企业提供“免申即享”政策兑现优质服务。自“免申即享”服务平台上线以来，已为超 200 家企业和近 2000 位人才发放政策奖补资金超 1800 万元。

探索“碳账户”绿色金融服务，促进“四链”深度融合。肇庆高新区通过对接政商服务平台，统计园区企业经济能耗等方面数据，突破银企信息不对称瓶颈，快速实现对企业的授信增信和利率优惠，探索碳金融发展新场景。2021 年 8 月，肇庆高新区与肇庆农商银行共同推出“数信贷”产品，根据企业信用、经营情况等数据获评等级，用大数据“精准滴灌”为企业增信赋能，提高可获得信用贷款额度，为 28 家企业提供了 3.19 亿元的融资贷款服务，相对于普通金融产品利率下降了 2.97%，平均为每家企业增信达 628 万元。2022 年 8 月，肇庆高新区又率先在全国创新推出“云碳贷”绿色金融服务模式，打造全省首个基于智能化大数据平台实现数据自动采集的碳信用体系建设模式，建立全省首个数智化企业碳账户，有效引导市场主体将减排降碳的社会效益转化为经济效益，实现节能减排、降本增信和绿色发展一举三得。作为“云碳贷”金融产品的首批受益企业，合普动力股份有限公司以“深绿”碳账户等级获得了 1.1 亿元的高授信额度。2022 年 9 月，肇庆高新区面向区内创新创业人才所在企业和人才个体，推出“人才贷”系列产品——

“人才贷”“惠才贷”，为区内高层次人才创新创业、生产生活提供便捷优惠的金融服务，有力推动人才和企业在园区扎根，有效推动资本链与人才链、创新链、产业链的深度融合。

五、创新党建和业务融合，引领推动产业高质量发展

在推动新能源汽车产业发展过程中，肇庆高新区着力推动党建工作和产业发展深度融合，以高质量党建引领推动产业高质量发展。

创新“党建＋项目”新模式。肇庆高新区积极完善基层党建工作机制，把党建工作融入项目建设全过程和“神经末梢”，为项目装上“红色火车头”，发挥了党建对项目建设的引领作用。肇庆高新区将宁德时代肇庆基地项目（瑞庆时代）视为产业招商落地攻坚的“头等工程”。项目建设初期，存在任务集中、时间紧迫、工作量大、现场复杂等问题，为破解项目落地建设速度与审批服务流程长度之间的难题，统筹推动项目高质量落地建设，肇庆高新区成立了由区党工委、管委会主要领导和项目建设相关职能部门、项目业主单位、项目施工单位、项目设计单位相关负责人以及相关党员组成的“广东瑞庆时代锂离子电池生产项目临时联合党支部”。临时联合党支部以实施“组织制度、日常运行、党员管理、整改落实”4个规范化，把党课搬到项目一线，把组织生活融在项目一线，让党员过上“工地组织生活”，不断建立完善党建工作机制。同时，临时联合党支部成立工作专班，工作专班设党小组。专班党小组坚持学史用史，用历史全局眼光谋划推进各项工作，实行常

态化沟通推进机制，全程无缝协调解决项目在推进过程中遇到的困难和问题，保障该项目建设全程无忧。专班党小组全体党员干部解放思想、转变思路，把党员的先进性书写在服务企业上，体现在真抓实干上，表现在解决问题、攻坚克难上，以破解项目主要矛盾为抓手，推进重大项目服务机制改革创新，对项目先行先试“提前介入、同步指导、同步预审、即日初审、当天办结”的重大企业投资项目审批服务新机制，并以该项目为标杆，打造全区重大企业投资项目审批服务样板工程。从项目洽谈、落地、建设至今，肇庆高新区始终坚持发挥党组织战斗堡垒和党员先锋模范作用，优服务、攻难关、抢进度、创先进，推动项目从动工到投产仅仅 14 个月，为创造宁德时代“肇庆速度”提供了坚强保障。

“链”上建党委增创发展新优势。“广东瑞庆时代锂离子电池生产项目临时联合党支部”的创新实践，实现了“链主”带动新能源汽车产业链党建与产业发展深度融合、互促共赢，也为产业链党委成立奠定了坚实基础。2022 年 7 月 27 日，肇庆高新区新能源汽车产业链党委揭牌成立，实现党建引领、组织跟进、工作相融，推动党的组织和党的工作从“有形覆盖”向“有效覆盖”转变。产业链党委围绕“优化提升‘主导 + 特色’产业发展格局，聚焦有效解决产业发展‘卡脖子’难点问题，推动党建力量融入产业链、供应链、创新链，实现链上服务精准保障、链上资源高效配置、多方互补共赢”的总体思路，瞄准“切实加强党的领导，构建互联互通新格局，引领企业高质量发展”的工作目标，聚焦组织共建、事务共商、资源共享、发展共促、品牌共创，打破体制、行政、地域边界，构建了党委政府、链上企业、行业协会等沟通交流渠道，加强跨域主体的沟通交流。产业链党委组织推动产业链企业建立共享资源库，在产品、材料、人才、技术等方面实现跨企共享，降低成本，增强合力，互促共赢组织，引导产业链企业梳理难点堵点，建立项目清单，实行跨企业协同攻关，整体提升产业发展水平。肇庆高新区“链”上建党委，进一步发挥了新能源汽车产业“红链”引领、互联互通、党建和业务融合发展新优势，以产业链的高质量党建引领推动了新能源智能汽车产业新城的高质量发展。

执笔人：吴林坤

第六章

中国三峡集团：央企担当筑牢国家清洁能源和生态文明基石

为建设三峡工程，经国务院批准，1993 年 9 月 27 日，中国长江三峡工程开发总公司成立。2009 年 9 月 27 日，更名为中国长江三峡集团公司。2017 年 12 月 28 日，由全民所有制企业改制成为国有独资公司，更名为中国长江三峡集团有限公司（以下简称中国三峡集团）。在党中央、国务院的坚强领导下，历经近 30 年持续快速高质量发展，中国三峡集团现已成为全球最大的水电开发运营企业和中国领先的清洁能源集团，并成为国务院国资委确定的首批创建世界一流示范企业之一。

党的十八大以来，党中央对中国三峡集团的发展高度重视并给予亲切关怀，为中国三峡集团高质量发展指明了前进方向、提供了根本遵循。中国三峡集团坚持以习近平新时代中国特色社会主义思想为指导，始终牢记领袖谆谆嘱托，完整准确全面贯彻新发展理念，坚定服从服务国家重大战略，加快建设世界一流企业，高质量发展的成色更足、特色突出。主要经营指标持续较快增长，与 2012 年相比，2021 年清洁能源装机、发电量、营业收入、利润总额、净利润、资产总额等指标均增长 200% 以上，与此同时，资产负债率保持在 51.94% 的稳健水平。中国三峡集团连续 15 年获评经营业绩考核 A 级企业；2019—2021 年经营业绩考核排央企第三名，获评“科技创新突出贡献企业”；在央企党建考核中连续 3 年被评为 A 级；国企改革三年行动和三项制度改革均获评 A 级，在央企所属“双百企业”“科改示范企业”2021年度专项考核中综合排名位居央企前列，所属企业获评“三标杆”“一优秀”。

一、长江流域生态文明建设体现三峡担当

中国三峡集团坚决贯彻我国生态文明建设的大政方针，在长江流域生态文明建设中体现战略担当，发挥骨干作用。一方面，开拓创新提升“铸器”水平，掌握大型水电工程的核心关键技术；另一方面，积极修炼“御器”能力，提升大型水电工程管理利用的现代化程度。以葛洲坝、三峡、溪洛渡、向家坝、乌东德、白鹤滩6座大型水电工程作为重要基点，充分发挥“国之重器”的综合效益，并在长江沿岸污水治理方面积极承担、勇于突破，为长江流域生态文明建设、推动长江经济带高质量发展作出突出贡献。

（一）助力长江流域水资源管理达到新水平

长江水旱灾害防御能力达到历史性水平。有效防御大江大河水旱灾害是中华民族的百年梦想。中国三峡集团致力于打造长江流域国之重器，把防洪作为首要功能和最大责任。以“时时放心不下”的责任担当，精益运行、精心维护以三峡工程为核心的梯级水库，确保安全稳定高效运行。2020年长江发生汛期累计降水量仅次于1954年的流域性大洪水，三峡水库成功应对75000立方米每秒的建库以来最大洪峰考验，拦洪削峰率超过34%，避免荆江分蓄洪区运用和60万人转移、49万亩

耕地被淹，有效保障人民生命财产安全。

长江黄金水道的航运安全和航运能力得到全面提升。三峡水库蓄水后，彻底改善了三峡库区和长江中游宜昌至武汉的航道条件，库区干流航道等级由建库前的Ⅲ级航道提升为Ⅰ级航道，库区航道年通过能力由1800万吨提高到1亿吨以上，万吨级船队可从上海直达重庆，促进了船舶标准化和大型化，提高了船舶运输的安全性，结束了自古川江不夜航的历史。通航设施的研发和使用也起到关键作用，三峡船闸安全平稳运行19年，累计过闸货运量突破17亿吨，国际领先的三峡升船机自2016年试运行，极大缩短了过闸通行时间，增强大坝的通行能力，此外，向家坝升船机的通航也让长江“黄金水道”延伸至金沙江下游。

为长江经济带提供了重要的水资源综合服务。中国三峡集团充分利用世界最大清洁能源走廊构建形成的国家战略淡水资源库，运用大数据等现代信息技术，构建流域梯级水库群联合调度精准管理体系，统筹防洪、航运、生态、发电、补水等多目标需求，为长江中下游生产、生活、生态建设提供重要的“水”服务。在2021年的枯水期，梯级水库累计向下游补水近342亿立方米，增加中下游水深0.9米，有效保障下游灌溉及生产生活用水。2021年梯级电站累计开展8次生态调度，其中三峡水库开展5次，包括促进葛洲坝下游产漂流性卵鱼类繁殖的生态调度试验2次，调度期间宜都断面鱼类总产卵量超124亿颗。

建成引领国内外的长江流域水库地灾防治体系。中国三峡集团始终践行“人民至上、生命至上”的理念，专门设立国内唯一的由企业设立的水库库岸地灾防治管理部门，多年来，中国三峡集团会同地方政府和参建各方在金沙江下游 4 座水电站库区建立了包含“地企联动、两岸联动”“群专结合”“空天地一体化监测”在内的国内外系统最齐全、运作最有效的水库地灾防治工作体系，确保水库安全蓄水、近 2000 公里库岸人民生命安全。

（二）为保护长江水生态环境贡献重要力量

坚持绿色工程建设，生态环境保护达到新水平。中国三峡集团在能源开发工程建设中，高度重视工程建设与生态保护协调发展，强化生态技术研发应用与创新，将生态环保与修复贯穿在规划、设计、建设和运行的全过程，尽最大可能减小生态伤害。一方面，在整体的工程建设中，以新科技、新模式的创新应用和现代高效的管理水平，开展水环境、大气环境、声环境等保护工作，提升绿色施工标准和水平。另一方面，聚焦大坝建设与鱼类繁殖保护的和谐共生问题，全力构筑金沙江重要生态屏障，在乌东德水电站创新设计建造国际首个巨型水电站集运鱼系统用以保护鱼类资源，并在进水口设置了分层取水叠梁门，缓解低温水下泄对鱼类繁殖的影响。集运鱼系统单日最大集鱼 1914 尾，运行第一年（2021 年）即集鱼约 3 万尾通过乌东德大坝，其中，31 种为过鱼目标种类，占过鱼目标的 82%，极大削减大坝对鱼类资源的影响，为世界水电站鱼类保护提供了重要参考和借鉴。

持续加大投入开展长江流域珍稀鱼类和经济鱼类的繁育和种群恢复。中国三峡集团持续开展长江上游珍稀特有鱼类保护，沿长江建设三峡珍稀鱼类保育中心等 4 个科研与增殖放流基地，开展水电站内人工繁育技术攻关，成功掌握10余种珍稀特有鱼类人工繁殖关键技术以及多项中华鲟物种保护核心技术，累计放流中华鲟600余万尾。白鹤滩、乌东德水电站珍稀特有鱼类增殖放流站实现齐口裂腹鱼、鲈鲤等多种珍稀鱼类的人工繁殖和苗种培育。三峡工程蓄水以来连续12年开展生态调度试验，2021年宜昌江段四大家鱼繁殖总量达84亿颗，三峡库区干流黏沉性卵鱼类产卵规模约3亿颗。

持续加大投入开展长江流域陆生植物的研究与保护。中国三峡集团建成国内规模最大的长江特有、珍稀、资源性植物保育基地，截至2021年，累计迁地保护植物1300种2.9万余株，成活率达到90%以上，有效解决了高海拔区域珍稀资源性植物迁地低海拔区域成活率低等难题。环评报告提出的三峡库区内可能受工程影响的560种植物全部得到有效保护，累计繁育特有珍稀植物约21万株。

（三）共抓长江大保护，水污染治理取得初步成效

持续加大投资力度，在试点城市不断深化企地合作。中国三峡集团把共抓长江大保护摆在非常重要的位置，加大人力物力投入，在2018—2022年短短4年内，取得显著成效。实现共抓长江大保护业务长江经济带11省市全覆盖，落地项目规模超过2000亿元，累计完成投资750亿元，70%用于污水处理厂和管网建设，投运污水日处理能力达到380万吨，建设运营管网长度1.5万公里。安徽芜湖、江西九江、湖南岳阳、湖北宜昌4个试点城市一期项目建设基本完成，水环境整体质量有效提升。其中，湖南岳阳东风湖荣获湖南省“美丽河湖优秀案例”，江西九江中心城区水环境综合治理一期PPP项目被评为

国家发展改革委绿色 PPP 项目典型案例。

坚持系统治理思路，总结形成新模式新机制。中国三峡集团始终坚持“厂网一体”污水治理理念，努力改变行业传统的碎片化、应急式治理方式，提出“城市智慧水管家”模式。对城市供水、排水、管网、防洪排涝、河流湖泊等涉水设施进行统一规划、建设、运营、管理和调度，全面整合涉水资产，通过智慧化赋能、专业化管理，实现城市水资源保护和水污染治理提质增效。2019 年以来，在安徽六安打造“水管家”标杆城市，通过高标准建设、高水平运营、高效率管理，城区 14 条黑臭水体治理全部通过住建部复核销号，下一步将在沿江城市复制推广。

探索管网价格机制改革，推动实现可持续发展。管网是制约污水治理提质增效的关键因素。中国三峡集团围绕管网短板弱项，提出打好管网攻坚战的城市污水治理思路，筹划组建长江管网平台，率先开展管网投资，提高污水收集处理效能。助力地方政府建立按污染物收集量、削减量和进水浓度支付管网建设投资及回报的“按效付费”机制，完善污水处理费用征收使用方式，按照“污染者付费”原则，探索建立管网收费价格机制。

加大科技创新研发力度，引领行业高质量发展。中国三峡集团积极打造生态环保领域原创技术策源地，高质量筹建长江经济带生态环境国家工程研究中心，搭建国家水环境保护水污染溯源与管控重点实验室等 4 个省部级科技创新平台，策划开展污泥、厨余垃圾、大型城市内湖系统治理等课题，形成污染物核算、污泥处置及资源化利用等一批成果。加快“智慧水务”平台建设，通过信息化手段实现“厂网河湖岸”一体化监控和供排涝一体化调度，促进水务行业实现工业数字化、信息化、智能化转型。

二、能源转型之路走出三峡特色

中国三峡集团是我国领先的清洁能源集团，拥有涵盖水电、风电、光伏、储能等多元的清洁能源生产体系，在水电和海上风电领域拥有引领优势。中国三峡集团聚焦绿色低碳发展，发挥突出能力优势，为推进我国能源绿色低碳转型、推动我国清洁能源产业高水平走出去积极贡献力量。

（一）水电与新能源双轮驱动保障国家能源安全

建设世界最大清洁能源走廊，有力支撑我国绿色能源供应。截至2021年底，中国三峡集团清洁能源国内装机总量达9369万千瓦，为我国能源保供稳价发挥了基础作用。其中，中国三峡集团精心建设、精益运行的长江干流葛洲坝、三峡、向家坝、溪洛渡、白鹤滩、乌东德6座世界级水利水电工程，基本建成世界领先清洁能源走廊，总装机7169.5万千瓦，年均发电量约3000亿千瓦时，相当于减排二氧化碳2亿多吨，为全国水电装机容量贡献近20%。2021年共发电409.1亿千瓦时，2021年冬季保供期间，最大顶峰出力5759万千瓦，相当于迎峰度冬全国最大负荷的4.8%，为调节电网安全稳定作出了重要贡献。

大力发展新能源业务，推动我国新能源规模化开发利用。中国三峡集团充分发挥三峡优势，在筑牢大水电基本盘的同时，开拓了一条

“风光协同、海陆并进”的新能源发展之路，新能源业务实现规模化发展和全国布局，新能源装机突破3000万千瓦，截至2021年底，全年发电量353亿千瓦时，主要包括海上风电、陆上风电和光伏发电。所属三峡能源作为专业的新能源开发主体，2021年在上海证券交易所主板上市，成为中国电力行业史上最大规模IPO、A股市值最高的新能源公司。

引领和推动水电行业核心关键技术自主可控，保障能源生产产业链安全稳定。行业核心关键技术自主可控是国家产业链安全的重要内容。所属三峡水电经过近30年发展，引领我国水电核心技术从引进吸收到实现自主可控（见表6-1）。巨型水电机组运维不断突破瓶颈，达到国际领先水平，全球最大单机容量100万千瓦水轮发电机组正在总装阶段，并实现自主研制，水电装备检修技术摆脱国外垄断，参与编制的水轮机领域国际标准正式发布，大型水电工程“国之重器”已牢牢掌握在自己手中。近年建设的白鹤滩工程，其发电机组全国产化，关键核心技术均为自主研制，实现系列创新突破，6项关键技术指标创世界第一。新材料、新装备技术也取得重大突破，白鹤滩水电站采用我国自主研制的新型特种水泥，智能化建造达到领先水平。近年组织科学攻关，攻克“卡脖子”技术，在水电工程建设和生产运营中实施一系列关键核心技术攻关，取得一批重大成果。

表6-1 中国三峡集团水电业务各阶段创新成果

	阶段一：1993—2005年	阶段二：2006—2015年	阶段三：2016—2022年
主要工程	三峡一期、二期工程全线修建成功，实现了截流、蓄水（156米初期运行）、发电	溪洛渡、向家坝工程（2006—2014）全面开工到投产	乌东德、白鹤滩工程（2016—2022）全面开工到投产

续表

	阶段一：1993—2005 年	阶段二：2006—2015 年	阶段三：2016—2022 年
工程建设	1.顺利建成当时世界规模最大的水利工程； 2.培养了一大批建设管理队伍、设计队伍、监理队伍和施工队伍； 3.实现输变电工程建设跨越式发展	1.对电厂所有主辅设备监视和控制，远程调度和控制发电设备实现数字化管理； 2.主要设备和原材料实现了国产化； 3.推动了国内特种冶金材料、大型铸锻件、高端电气装备的全面技术进步	1.实现了超大规模地下洞室群安全高效开挖施工； 2.成功应用全坝低热水泥混凝土； 3.工程智能化建造达到行业领先水平； 4.研发和应用分层取水设施、集运过鱼等先进生态设备
水电机组	1.实践出了引进、消化、吸收、集成创新的“三峡创新模式”； 2.左岸电站水轮发电机组采取国际招标引进技术，联合生产方式完成设计和制造； 3.三峡右岸电站设计时期，国内已具备发电机组独立设计和制造的能力，掌握了关键核心技术	实现了80万千瓦机组设计和制造国产化，刷新最大单机容量水轮发电机组世界纪录，达到国际领先水平	85万~100万千瓦水电机组研发、制造、安装进入“无人区”，达到行业尖端水平
体制机制创新	1.建立了“政府主导、企业管理、市场化运作”的组织管理体制； 2.建立了“静态控制、动态管理”工程资金管理模式； 3.落实市场化管理机制，实施“四制”（项目法人责任制、招标承包制、工程监理制、合同管理制），提升工程建设管理水平	1.提出“建好一座电站，带动一方经济，改善一片环境，造福一批移民”的综合开发理念； 2.作为独立法人，完全市场化机制开发建设	以打造“精品工程、创新工程、绿色工程、和谐工程、廉洁工程”五大工程为目标，提升工程质量及工程建设的综合效益

资料来源：作者整理。

（二）带动清洁能源产业转型升级

坚定实施海上风电引领者策略。加快打造沿海最大海上风电走廊，加快海上风电集中连片规模化开发，5 个百万千瓦级海上风电基地初具规模，我国首个碳中和工业园区落户福建三峡海上风电国际产业园且实现全产业链集聚。截至 2021 年底，国内海上风电累计建成投产超 450 万千瓦，位居国内第一、世界前列。加大开发、建设、运营关键核心技术攻关，探索海上风电全生命周期运维模式，主动参与国家海上风电技术标准制定，协同产业链企业开展科技攻关，在福建三峡海上风电产业园陆续创造单机容量最大 8 兆瓦、10 兆瓦和 13 兆瓦海上风电机组，助力国产海上风电机组制造水平步入世界前列。取得亚洲首台抗台风型漂浮式海上风机“三峡引领号”、国内首个 ±400 千伏柔性直流输电海上风电项目等一大批科技成果，有力推进了海上风电开发远海化、关键技术国产化、施工作业体系化，有效带动了我国海上风电装备创新升级，海上风电引领者地位初步形成。

差异化发展陆上新能源业务。聚焦新能源大基地建设，纳入国家首批清单的 12 个新能源大基地项目全部开工建设。获批内蒙古库布其沙漠项目，努力使之成为首个开工的沙漠、戈壁、荒漠项目，打造国家级标杆工程。积极推行光伏多元化开发，坚持集中式和分布式并举，开发建设国内首个大型平价上网光伏项目并全面达产，光伏 + 农光互补、光伏 + 渔光互补、光伏 + 光储一体化等三峡特色发展模式由点到面铺开，丰富了我国生态文明建设实践场景。我国单体规模最大光伏治沙项目——内蒙古库布其光伏治沙项目开工建设；在山西通过林光互补促进采煤沉陷区土地资源综合利用，为推动我国林地合理开发光伏起到关键示范作用；在陕西探索出“光伏发电 + 高效 + 农业 + 观光旅游 + 扶贫”的发展路径，实现网格化智能管理，真正实现产业助力精准帮扶，相关项目成功入选第二届联合国可持续发展目标实践行动优秀案例。

积极探索清洁能源新技术、新模式、新业态。积极布局抽水蓄能、新型储能、氢能、光热等业务，有序构建抽水蓄能滚动开发格局，华东地区最大抽水蓄能电站——长龙山电站全面投产发电，浙江天台、湖北平坦原抽蓄电站开工建设。推动构建以新能源为主体的新型电力系统，全球规模最大的三峡乌兰察布“源网荷储”一体化综合应用示范基地项目初具雏形。集团首个制氢项目——纳日松光伏制氢产业示范项目开工建设。推动实现多种能源统筹开发和科学调度，金沙江下游“风光水储”一体化国家示范基地建设取得重大进展，基本形成风电、光伏、水电、储能、战略投资等相互支撑、协同发展的业务格局。大力推进新能源创新技术研发运用，建设国内首座绿色零碳数据中心，拥有国内规模最大、类型最丰富的储能系统动态模拟平台，兆瓦时级固态锂离子电池储能关键技术及工程应用项目实现了储能型固态锂离子电池在全球的首次示范应用。

（三）带动国内企业走出去

以“一带一路”为重点积极投身全球清洁能源建设。中国三峡集团深度融入全球清洁能源价值链、产业链、创新链，品牌竞争力、国际影响力持续提升。截至 2021 年底，国际业务遍布全球 40 多个国家和地区，初步完成在资源储量丰富、发展潜力较大地区的国际市场布局，境外可控和权益装机约 1800 万千瓦。中国三峡集团致力于打造“一带一路”国际清洁能源走廊，发挥大水电等清洁能源项目建设运行核心能力和专业化优势，成功建设多个在双边经贸关系中具有重要地位的大型清洁能源项目。中巴经济走廊首个水电投资项目巴基斯坦卡洛特水电站全部机组投产发电，被誉为中巴铁杆友谊的象征；老挝南公 1 水电站入选“中外水电国际合作优秀案例”，成为中老两国互利共赢的典范；西非地区装机规模最大的水利枢纽工程——几内亚苏阿皮蒂水电站通过竣工验收，不仅有效解决了几内亚国内电力短缺问题，还为邻国提供了电力支持，几内亚对中几合作高度赞赏；几内亚凯乐塔水电站印在了几内亚最大面值货币上。

以产业为依托带动中国水电全产业链走出去。引领国内优势企业"编队出海"，与全球分享中国水电在产能、装备、技术、标准等全产业链上的成熟经验。整合国内水电产业链组成联营体，共建马来西亚沐若水电站，该项目被国际水电协会列为水电工程可持续发展模板工程；几内亚苏阿皮蒂水利枢纽项目，是中国三峡集团以中国标准和规范实施建设的标杆之作，被誉为"西非的三峡工程"；巴基斯坦卡洛特水电站，采用数十家中国企业制造的机电设备，是巴基斯坦首个完全使用中国技术和中国标准建设的水电投资项目，促进了中国水电装备制造全产业链转型升级。

以资本为纽带稳步推进国际合作。中国三峡集团坚持跨国并购与绿地开发并举，稳健拓展海外能源业务。收购西班牙光伏电站、秘鲁查格亚水电站等重点项目，成功并购秘鲁最大电力公司路德斯公司，形成水风光多能互补、发配售协同并进的发展格局。持续巩固葡萄牙电力公司单一最大股东地位，对股权实施动态管理，依托葡电优势成功进入巴西、秘鲁等电力市场，成为巴西第二大私营发电企业，并快速进入波兰、意大利、德国等欧洲清洁能源市场，实现通过股权投资拓展国际市场的战略目标。所属长江电力成功发行"沪伦通"全球存托凭证（GDR），是我国企业 GDR 发行规模最大一单和我国实业类企业 GDR 发行首单。

以合规管理为抓手持续提升国际化经营能力。中国三峡集团高度重视国际业务风险管控，科学把握发展节奏。所属三峡国际成功引进国际战略投资，开创央企引进国际战略投资先河，在公司治理、业务拓展、风险防控、建立健全适应国际市场的体制机制等方面发挥了积极作用；坚持属地化管理原则，为当地民众提供大量就业机会，获得当地民众支持，有效降低了项目社会风险；坚持合规经营，积极开展国别研究，优化风险防控制度体系，建立合规风险提示预警机制，加强合规审查评估并开展合规监督评价，不断提升国际业务风险防范能力。

三、高质量发展的三峡经验

中国三峡集团在生态文明建设和清洁能源领域取得重大成就，总结其发展经验，最重要的就是在党的坚强领导下，围绕央企的核心职责，充分发挥我国社会主义制度优越性，团结奋斗、科学进取，走出中国特色的高质量发展之路。

（一）以科技创新推动企业发展，形成“三峡创新模式”

中国三峡集团坚持“四个面向”，在促进高水平科技自立自强上充分发挥“国家队”作用，聚焦大水电、新能源、生态环保、绿色低碳等领域，加快打造原创技术策源地和现代产业链链长，引领突破白鹤滩百万千瓦水电机组、大坝智能建造、全球首台抗台风型漂浮式海上风机、GIL 检修核心技术、流域梯级水库联合调度、智慧水务等一批关键核心技术。

充分发挥优势，实现核心关键技术从技术引进到自主创新。中国三峡集团的自主创新模式由集成创新、引进消化吸收再创新和原始创新3个阶段构成，由融合相关技术到技术引进学习再到填补国内外空白，实现了从追赶者到领跑者的完美蜕变。在自主创新过程中，一是充分利用政策支持。三峡工程的成功建成是我国社会主义制度能够集中力量办大事的典范。在建设三峡工程时，积极响应"市场换技术"的国家政策从而解决了水电机组的难题，为自主创新节约了宝贵时间。二是灵活选择创新模式。以实际需求为导向，合理选择自主创新模式，并根据企业内外部环境的变化，不断进行战略调整，从而加强自主创新能力。三是完善创新体系建设。为实现创新驱动发展，从根源上解决"卡脖子"问题，中国三峡集团在企业内部开展企业创新体系建设工作，从组织、资源和制度等多方面共同采取措施，助力原始创新。

（二）以建设世界一流企业为目标，深化国有企业改革

中国三峡集团按照"两个一以贯之""坚定不移把国有企业做强做优做大"的重要要求，在体制、战略、动力、机制、文化等领域加速变革，坚决破除制约高质量发展的体制机制障碍，在重点领域和关键环节取得实质性突破。

完善中国特色现代企业制度。党的领导在完善公司治理中得到全面加强，制订完善公司治理中加强党的领导实施方案，推动300多家子企业全部落实党建入章，党组织的企业法定地位更加具象化、规范化；制定党组织前置研究事项和决策事项清单，以制度流程保障党中央各项决策部署不折不扣得到落实。董事会经营决策主体地位充分彰显，形成董事会事前事中事后"三步法"决策流程；实现子企业董事会应建尽建、外部董事占多数和经理层授权制度全覆盖，长江电力、

三峡资本高质量完成“双百行动”，在推行职业经理人制度、经理层任期制和契约化管理等关键环节和重点领域率先实现突破。坚持以集团管控体系优化促进战略协同，围绕打造价值创造型总部，确立“精简总部机构、精益管理人员、精准划分职能”的机构改革总体思路，重构总部职能管理体系，调整改革后职能部门数量精简 14%，体制机制更加适应业务发展需要；差异化制定子企业授权放权事项清单，加强对授放权的监管和动态调整；全面调整业务板块核心公司、区域公司、专业化公司职责分工，科学建立协同机制，实现“1+1>2”的战略协同。坚持积极稳妥深化混合所有制改革，所属三峡国际、三峡上海院成功引进战略投资者；完成三峡水利重大资产重组，实现重庆区域配售电业务整体上市。

健全市场化经营机制。中国三峡集团探索出以“‘艇式’干部管理体系、精益型劳动用工方式、团队化薪酬激励机制”为特征的 3 项制度改革模式，使干部职工队伍成为“一池活水”。坚持因企施策，构建“赛艇式”干部管理体系。根据分（子）公司业绩优劣动态调整企业级别，干部职位职级与企业级别同升同降；推进干部“能下亦能用”，制定市场化选人用人指导意见，明确干部市场化管理具体举措和各类退出情形；制定干部转岗实施细则，以制度性安排推动干部退出管理序列。坚持严选劣汰，构建精益型劳动用工方式。按照“战略规划、业务特点、企业现状”3 个维度，以及“对标市场、对标一流、对标极致”3 个对标，科学确定所属企业年度用工规模；实行末等调整和退出制度，并规范化制度化，对于考核不合格、不能胜任工作等各类员工，明确市场化退出情形与流程。坚持战略导向，构建团队化激励机制。统筹设计薪酬激励机制，充分激励作出突出贡献的团队，极大激发了团队凝聚力战斗力；健全“价值评估定基薪、绩效考核管浮动、宽带薪酬拉差距、单列工资保重点”等系列精细化薪酬激励机制，构建充分体现市场价值、组织贡献和创新要素价值的薪酬激励体系。

全面加强合规管理。把审计整改作为检验“两个维护”的重大政治任务，扎实做好审计整改“后半篇文章”，开展巡视“回头看”，深化举一反三，进一步堵塞管理漏洞、完善制度规定、健全体制机制。扎实开展“合规管理强化年”活动，建立健全法律、合规、风险、内控“四位一体”运营机制，深入开展合规风险全级次、全领域、全方位自查，尤其是强化对境外业务、新能源、长江大保护等重点领域的全流程依法合规经营指导。深入开展三级及以下子企业依法合规经营专项检查，推动集团上下合规经营管理水平不断提升。

（三）融合社会责任履行与经济发展，以“三峡精神”筑牢根基

中国三峡集团按照“更好造福人民”的根本要求，始终坚持以人民为中心的发展思想，把人民对美好生活的向往作为奋斗目标，在实际行动中，将“为我中华 志建三峡”的强烈的民族自豪感和责任感融入到企业发展中，传承发扬“三峡精神”，牢铸企业的坚强底蕴，为企业高质量发展保驾护航。

坚决当好脱贫攻坚“国家队”。中国三峡集团强化责任落实，保障资金投入，创新体制机制，积极探索“旅游＋扶贫”“新能源＋扶贫”等帮扶模式，在产业、教育、医疗、基础设施建设等方面累计投入帮扶资金超过 80 亿元，实施帮扶项目 860 多个，惠及全国 110 多个县；帮扶云南怒族、普米族、景颇族 3 个人口较少民族和四川凉山彝族等 4 个少数民族按期实现脱贫，惠及人口超 27 万人；帮扶重庆巫山县、奉节

县，内蒙古巴林左旗，江西万安县4个国家级定点帮扶县全部脱贫摘帽，惠及人口超27万人；加大援藏援疆援青力度，援建可可西里生态环保项目，助力三江源国家公园生态环境保护；在中央单位定点帮扶考核中连续4年获得最高等次“好”的评价，三次获得“中华慈善奖”，入选中宣部脱贫攻坚宣传典型。

水电库区支持帮扶与水电开发相结合。积极践行“建好一座电站、带动一方经济、改善一片环境、造福一批移民”的水电开发理念，高标准、高质量统筹做好三峡库区和金沙江库区移民安置和后续帮扶工作。围绕“搬得出、稳得住、逐步能致富”，改善移民居住和生产条件，乌东德、白鹤滩水电站移民搬迁安置圆满完成。做好移民后续帮扶工作，持续加大对库区投资力度，帮助建设道路交通、水利电力等设施，设立“三峡种子基金”支持库区群众发展紫秋葡萄等产业，开展“三峡班班通”“三峡烛光行动”，产业帮扶、教育帮扶、医疗帮扶等效果不断提高。发挥水电开发对流域经济社会发展的辐射带动作用，打造金沙江下游水风光储清洁能源走廊并与地方分享收益，为库区移民就业增收创造条件，为库区经济社会发展注入持久动力。

积极参与灾害救助和公益慈善事业。中国三峡集团在央企总部率先成立社会责任办，发挥自身优势，推动清洁能源和优质生态产品等改革发展成果更多更好地惠及人民群众，努力在脱贫攻坚、对口支援、救灾救助、援疆援藏援青、乡村振兴等社会责任方面充分发挥表率作用。新冠疫情暴发后，在中央企业中率先向湖北捐款1.7亿元，捐赠防护物资25万余件，承担湖北1/3的电力、天然气、热能供应保障工作，全力支援武汉火神山医院施工，在湖北谋划推动超2000亿元投资项目，支持湖北疫后重振，在中央企业中第一时间启动“抗疫稳岗扩就业”行动。全力支援四川甘孜泸定6.8级地震抗震救灾工作，第一时间向灾区捐款 5000 万元。

（四）积极探索新模式，支撑企业高质量发展

整合协调全产业链优势力量，发挥组合优势。由于重大水电工程的高质量完成，需要集中产业链各环节的高水平力量。中国三峡集团在重大工程的磨炼中，形成了善于统筹协调各方资源和力量、发挥好合力的优势。作为一个优秀的组织者，中国三峡集团勇担作为央企的民族责任，正确看待与处理短期和长期、局部和整体的利益关系，集聚与协调各环节企业，以创新性的协调和管理机制，整合设计研发、装备制造、工程建筑、监测监控、数字化设施、生态环保等各领域的优势资源，集中力量办大事。不仅在水电工程建设中，而且在新能源开发及海外拓展中，都成功承担了组织者的角色，推动新技术、新工艺、新装备、新产品、新材料等方面升级换代。

执笔人：周文　张思聪

第七章

永定河公司：流域综合治理助力京津冀协同发展在生态领域率先取得突破

为落实党中央、国务院决策部署，在相关部委和各级政府设计推动下，2017 年 12 月，京津冀晋四省市人民政府与中国交通建设集团共同签署《京津冀晋四省市人民政府组建永定河流域投资有限公司合作框架协议》（以下简称《合作框架协议》），2018 年 6 月，永定河流域投资有限公司（以下简称永定河公司）在京成立。永定河公司是由国家顶层设计推动、以流域为单元、跨省级行政区划的流域治理投资公司，是贯彻落实习近平生态文明思想和“十六字”治水思路的具体实践，是推动京津冀协同发展在生态领域率先取得突破的重要举措和国内流域治理模式的重大创新。永定河公司按照“区域协同、互惠共赢、科学运营、稳步推进”的原则，通过政府与市场两手发力，探索以投资主体一体化带动流域治理一体化，实施永定河综合治理与生态修复，构建永定河绿色生态河流廊道。

一、探索破解流域治理难题的“永定河模式”

永定河横跨京津冀晋蒙，具有高原、山区、平原、滨海等多种自然生态，是区域生态要素梯级流动的通道、动植物繁衍生息的走廊。实施永定河生态治理，有利于发挥河流的生态纽带作用，有利于发挥上游水源涵养功能和中下游生态廊道效益，为提升区域生态环境品质、拓展京津冀生态环境空间创造有利条件。作为京津冀主要功能区主轴，以及流域内人口、经济、社会、文化的重要载体，治理流域在综合发挥上下游生态领域功能的基础上，还可以发挥对流域经济的辐射带动作用，对促进区域经济社会协同发展意义重大。

流域治理作为一项系统工程，在实践过程中也面临着一些难点问题：一是市场化机制在流域治理与管理中的运用存在明显不足。流域治理带有公益性或准公益性的特点，长期以来以公共财政投入和行政手段为主，投资主体、实施主体主要是各级政府，未能充分发挥市场在资源配置中的决定性作用，在带来较大财政负担和管理成本的同时，难以形成流域治理与运营管理的长效机制，流域治理的投资主体多元化和投融资渠道拓宽亟待破题。二是流域系统治理、综合治理要求与分段治理、分散管理的现状存在矛盾。流域治理经常面对上下游、左右岸归属不同行政区域管辖，水资源、水环境和水生态由不同职能部门管理等现状，存在目标不协同、标准不统一、发展不协调、责权分配不合理等问题，不利于流域生态环境的整体性和系统性，影响流域治理工作的总体成效，流域一体化治理势在必行。三是原有的流域治理理念需要更新。没有将流域作为一个完整的生态系统来看，“头痛医头、脚痛医脚”“治标不治本”的情况长期存在，“重建设、轻运维”的思路更是制约着治理成效的持续和巩固，同时流域治理没有与区域经济社会发展很好地结合起来，治理投入不断加大，治理成效却难以显现。四是流域治理模式的深度总结和提炼尚处于摸索实践阶段。我国地域辽阔，自然环境复杂多样，水系和流域特点各异，治理目标和治理手段存在差异，如何针对不同流域提出一套相对完整、有效的整体解决方案，进而归纳出可复制、可推广的治理新模式，是新时期流域综合治理的重要任务和方向。

跨区域流域综合治理涉及不同的管理主体和利益主体，必须依靠系统周密的顶层设计和高效有力的统筹协调，实现流域治理创新模式的突破和落地。永定河综合治理与生态修复过程中，改变了传统分段治理、分散管理的“九龙治水”模式，实现了由政府主导向政府与市场有机结合、两手发力转变，由分段、局部、单一治理向全流域、全生命周期、综合治理转变，由工程治理向流域经济、社会、生态价值全面提升转变。永定河公司按照“统一规划、统一治理、统一调度、统一管理”的模式，统筹流域综合治理及资源利用开发，打造流域投建管运一体化平台，以投资主体一体化带动流域治理一体化，促进政府与市场有机结合、两手发力，为探索流域治理的创新模式走出了一条新路。

二、多管齐下推动永定河流域综合治理

通过上下游系统治理、协同治理，永定河综合治理与生态修复工作取得显著成效，“流动的河”迈出历史性一步，“绿色的河”初步建成，“清洁的河”稳步推进，“安全的河”逐步达标。流域断面流量显著增大，全年通水天数持续增加，生态水量和出境、入海水量显著提升，流域森林覆盖率提升，水源涵养能力明显增强，山区生态安全屏障作用逐渐显现，平原绿色生态走廊景观初步形成，永定河生态系统得到有效恢复。

（一）进一步细化落实顶层设计，部省协同联动基本建成

顶层设计进一步强化细化。党中央在研究部署长江经济带发展、黄河流域生态保护和高质量发展等重大区域战略时，均强调要做好顶层设

计，加强对全流域、跨区域的战略性事务的统筹谋划和协调推动。在永定河流域综合治理与生态修复过程中，各方坚持把《永定河综合治理与生态修复总体方案》（以下简称《总体方案》）、《国家发展改革委关于组建永定河流域治理投资公司的指导意见》（以下简称《指导意见》）和四省市《合作框架协议》作为贯穿全部工作的纲领性文件和根本性安排，在国家顶层设计架构内开展各项工作，在《总体方案》基础上，四省市分别制订实施方案或滚动计划，细化落实工作要求和项目建设。目前，实施永定河综合治理已被写入《中华人民共和国国民经济和社会发展第十四个五年规划和2035年远景目标纲要》，国家关于永定河治理的顶层设计得到进一步落实。

整体谋划全流域治理全链条。树立全流域一盘棋意识，强化流域统一规划、统一治理、统一调度、统一管理，实施一个机制统领协调各方，一个总体方案引领生态治理，一个投资主体负责实施项目，一个平台结算生态水量，一个运维标准巩固治理成效，整体谋划推进流域一体化治理。

部委、省市工作协调机制基本建立。由国家发展改革委、水利部、林业和草原局、四省市人民政府、中交集团以及国家开发银行成立永定河综合治理与生态修复部省协调领导小组，统筹协调永定河治理重大事项，印发年度工作要点组织实施，建立从部省到地方四级协调领导机制，改变原有分散治理、分头管理的工作方式，流域一体化协同治理程度明显提升、机制逐步完善。

（二）科学统筹推进廊道建设成效显著

形成系统治理流域生态要素的基本思路和基本举措。永定河治理按照“以流域为整体、区域为单元、山区保护、平原修复”的原则，制定山区水源涵养、生态用水配置、河道综合治理、防护林建设、农业节水、湿地保护修复、水环境治理的综合性举措，促进流域水生态质量整体改善和生态功能全面增强。

治理工程项目建设稳步推进，且初见成效。落实《总体方案》，制订年度建设计划，开展项目前期工作和中央预算内投资申请拨付，加快实施永定河生态廊道建设。《总体方案》颁布实施以来，永定河流域治理项目累计开工 110 个，批复总投资 219.8 亿元，完成投资 139.5 亿元，多个重点项目为北京冬奥会、冬残奥会筹办提供了生态支撑。在此基础上，开展中期评估，组织《总体方案》修编工作，进一步明确治理思路，优化重点措施和项目安排，预计未来 3 年完成投资额 140 亿元。

上下游治理标准基本统一。出台流域生态修复布局控制和引导标准，推进上下游、干支流、左右岸协同有序治理，构建协同治理“一盘棋”。遵循“自然修复为主、补短板、低扰动”的理念，系统复核流域建设项目，核减上游地区束河筑堤 160 公里，减少拦河闸 9 座，调减水面面积 190 公顷，下游地区全面取消防渗减渗设施。按照“以水开路、用水引路”的原则，将生态补水作为一种工程手段，利用水力冲刷作用填坑塑槽优化完善生态治理方案，用生态的方法解决生态问题。

农业节水项目稳步推进。坚持“先建机制、后建工程”，以节水量为导向，以上游 52 个大中型灌区的 93.8 万亩实灌面积为界，优化工程实施布局及措施，从工程节水、管理节水和田间生产节水 3 个环节着手，实施 32 个农业节水工程项目，建设节水灌溉面积 50.33 万亩，完工后可新增节水能力 6710 万立方米。构建工程建设“EPC+O”模式、管理节水“水源管控 + 灌区改制”、田间生产节水“种植结构调整、土地规模化生产”的标准单元，打好节水、生态输水、工业供水“组合拳”，实现节水能力向节水量、节水量向节水收益的转化。

上下游生态水量统一调度取得阶段性成果。2018 年，水利部海河水利委员会会同京津冀晋四省市水利行政主管部门、永定河公司共同签订《永定河流域生态用水保障合作协议》，部省协同、全流域一盘棋，统筹推动调水通水工作。水利部每年下达调水计划，水利部海河水利委员会牵头组织上下游及永定河公司，春秋两季开展统一调度，通过组织实施当地水、再生水、引黄水、引江水“四水统筹”和上下游“七库联调”，累计实施集中输水和生态补水超 27 亿立方米。2021 年 9 月 27 日，永定河生态补水水头经天津市屈家店水利枢纽汇永定新河入海，实现了自 1996 年以来首次全线通水，“流动的河”目标取得阶段性成果。2022 年 5 月 12 日，永定河首次实现春季全线贯通，并完成了与京杭大运河的“世纪交汇”，距离“流动的河”目标更进一步。

（三）全链条机制创新成果丰富

创新政企合作机制，撬动市场和政府资源。坚持“河长”“河工”职能定位，与各级政府构建起长期务实的新型政企合作关系，形成目标同向、措施一体、利益统一、优势互补的政企合作新格局，打造流域治理与绿色发展共同体。政府与公司在生态调水、工程建设、产业开发、资产运营等方面开展全方位合作，通过特许经营、资产盘活、共同开发、联合经营等多种方式产生收益，反哺工程建设及运维管护，政企合作范围不断延伸。

创新多渠道投融资机制，利用国家、区域、社会资金优势。与国家开发银行等金融机构签订融资协议，探索推进“一地一策”资金平衡模式，利用区域内产业项目经营收益反哺生态治理项目，金融机构加大绿色金融产品和服务创新力度，通过创新统筹融资模式、政府和社会资本合作（PPP）模式、开发性贷款、绿色信贷、绿色保理、企业中期票据、绿色基金及政府专项债等融资方式，多渠道保障工程建设资金。

创新工程运维长效机制，统筹全流域统一运维。在北京、天津、朔州、大同、张家口、廊坊等地成立运营公司，推动与政府签订购买服务协议，多渠道筹措运维经费，建立并完善运维管理体系。开展流域资源资产摸底调查，推动沿线政府对存量资源资产采取改制、转让、委托管理、特许经营等方式，逐步授予公司统一运营管理。北京永定河山峡段“四站两坝”、山西大同浑源生态治理 PPP 项目、河北怀来官厅水库国家湿地公园 PPP 项目、天津东丽郊野公园 PPP 项目先后取得并投入运营；镇子梁水库、恒山水库、洋河水库和东榆林水库等特许经营项目相继落地。

创新研究机制，集中优势资源提升流域治理的硬实力与软实力。开展科技研发创新，公司与京津冀国家技术创新中心、清华大学环境学院共同成立环境前沿实验室，以“立足流域、面向需求、持续创新、应对未来”为定位，以产业转化可行性作为立项前提，启动开展水库清淤、湿地效能强化等课题研究，为永定河治理科技赋能。探索流域生态产品价值实现机制，与国家发展改革委沟通，以流域为整体，按照“4+1”模式探索生态治理价值实现和转化路径，编制完成《永定河流域生态产品价值实现机制试点方案》，学好用好“两山论”，走深走实“两化路”。探索流域生态补偿机制，积极对接水利部和生态环境部，以水量为主要标的物，兼顾水质，开展流域横向水生态补偿机制研究，并与沿线政府积极协商推进落地。开展数字孪生永定河建设，进一步提升流域管理的信息化、数字化水平。推动永定河保护立法工作，与相关部门沟通，启动永定河保护立法工作，从法律层面进一步巩固永定河治理的顶层设计和模式创新。

（四）体系构建探索初显成效

探索资金平衡路径，促进投资可持续发展。永定河公司以投资主体一体化带动流域治理一体化为“一体”，以工程规划建设和资源利用开发为“两翼”，按照以水利为根本、以水源为前提、以水权为基础、以水量为载体、以水质为保障、以水工为依托、以水务为延伸、以涉水资源利用开发为特色的“八水共治”思路，构建可持续的商业模式，逐步形成了“中央资金引导、地方财政配套、公司自筹跟进、银行融资支持”的治理投入模式、“资源＋资产＋资本＋政府购买服务＋政策奖补资金”的资金平衡方案和基于生态产品价值实现的内生资金平衡路径。

探索流域产业发展方向，构建生态产品体系。坚持价值投资导向，明确以“水”和“城”为主，以清洁能源、乡村振兴、资源资产开发利用运营为辅的产业投资方向，聚焦重点地区和重要生态节点，结合各地资源禀赋，实现城市供水、有机旱作生态农产品、河道采砂、京西“一线四矿”等产业项目落地，同时积极谋划推进抽水蓄能、泛区土地释放等项目落地，探索以产业开发收益反哺治理投入、融入并促进流域高质量发展。整合金融机构、高端智库、产业实体、运营企业、服务机构等优质资源，发起成立永定河产业发展联盟，搭建流域产业开发服务与合作平台，通过匹配优质资源，嫁接优质社会资本，聚合产业开发动能，实现互利共赢。

探索市场化运作模式，市场化运作能力显著提高。秉承“区域协同、政府引导、明晰权责、市场运作”原则，以永定河治理为依托，会同沿线政府积极谋划有回报预期和稳定现金流的生态治理和市场化项目，并与地方政府和资本市场投资机构共同研究开展引导基金、创业基金以及项目投融资等方面合作，推动实现流域治理与生态修复投资主体多元化、资源资产化、资产资本化、资本证券化，提高市场化运作能力。

三、“永定河模式”的主要经验

跨区域中小流域治理，从行政地域上涉及多区域，从管理职能上涉及多部门，容易导致流域治理管理、权力及利益冲突等一系列问题。永定河引入市场化机制开展流域治理，以投资主体一体化带动流域治理一体化，进而推动流域运营管理一体化和区域发展一体化，开创了我国流域治理新模式与新路径，形成了流域治理的“永定河样本”和“永定河模式”，在治理理念、组织模式、商业模式等方面对我国中小流域综合治理具有重要的示范和借鉴意义。

（一）以顶层设计、高位推动为依靠

永定河治理坚持把《总体方案》《指导意见》和四省市《合作框架协议》作为贯穿全部工作的纲领性文件和根本性安排，在国家顶层设计架构内开展各项工作，完善全流域、分层级的协调领导机制，发挥中央资金引导撬动作用和公司政策融资优势，高端站位、高层推动、

高效实施。

因此，在策划实施流域治理时，要坚持顶层设计、高位推动，自上而下推动项目落地实施，争取更多资源和更大支持力度，从根本上实现流域统一规划、统一治理、统一调度、统一管理，为流域一体化治理提供前提和基础。

（二）以政企合作、两手发力为支撑

永定河治理通过摸索确立“河长”“河工”各自的职能定位，明确政企权责界面，厘清职责分工。公司与各级政府围绕流域治理与发展构建起长期务实的新型政企合作关系，形成目标同向、措施一体、利益统一、优势互补的政企合作新格局，打造流域治理与绿色发展共同体。

流域治理要正确认识并处理好政府与市场的辩证关系。一方面，流域治理事关国计民生，事关水环境、水生态、水安全、水资源、水经济、水文化，具有较强正外部性和政治属性、公益属性，因此必须坚持政府在流域治理中的主导地位，全面落实河长职责，发挥好政府“有形的手”的作用；另一方面，成立流域公司、引入市场化机制是为了针对原有流域治理方式存在的弊端，提高治理效率和综合效益，因此必须坚持市场在流域治理中的主体地位，坚持流域公司市场主体作用，发挥好市场“无形的手”的作用。政府与市场两者相辅相成，缺一不可，要找到“两手发力”的最优结合，形成推动治理工作的更大合力。

（三）以生态理念、系统治理为遵循

永定河治理坚持贯彻落实《总体方案》，坚持流域上下游协同治理、系统治理，通过优化项目设计方案，出台统一治理标准和运维方案，开展流域生态水量调度等，把生态环保理念和系统观念贯穿工作始终，取得了很好的治理成效。

开展流域治理，要坚持习近平生态文明思想和新时期治水思路，把水资源作为最大的刚性约束，落实“以水定城、以水定地、以水定人、以水定产”，牢固树立系统观念，以流域为整体开展综合治理、系统治理、源头治理，尊重自然、顺应自然、保护自然，生态优先、绿色发展，实现人与自然和谐共生。

（四）以资金平衡、长效运营为任务

永定河治理具有准公益性特点，永定河公司长效运营的核心是落实“一地一策”资金平衡模式，实现资金平衡。根据《指导意见》，永定河公司依托区域生态环境改善带来的土地增值等收益，通过经营周边土地、商业等优质资源，建设特色小镇，发展健康养老服务、文化旅游、休闲体育产业等获取收益。同时，永定河公司还可通过综合经营开发拓展供水、林业资源、碳汇交易等获得经营性收益。永定河流域基于生态产品价值实现下的资金平衡，推动资源资产化、资产资本化、资本证券化，提高投资主体的持续运营能力、可持续能力。

永定河公司积极争取中央补助资金、地方配套资金及政策性奖补资金，发挥市场主体作用和市场机制优势，引导和撬动社会资金，用足用好各级各类政策，拓宽融资渠道，降低融资成本，科学统筹、合理规划各类项目投资建设，做好投融资资金匹配，推动实现流域和公司两个高质量发展。

（五）以政策集成、机制创新为保证

永定河治理的特点突出体现在政策运用和机制创新上。要通过对流域治理相关政策的研究解读和集成运用，最大限度争取机制创新的空间，落实国家政策，促进政企合作，释放资源价值。要建立并完善流域工作协调机制、协同治理机制、政企合作机制、执法监管机制、问责考核机制，探索建立流域生态产品价值实现机制、横向生态补偿机制、用水权交易和分配机制，通过机制创新，有效整合资源，完善要素配置，打通痛点难点，实现治理模式体系化和治理成效的最大化。

（六）以一体治理、协同发展为方向

永定河治理以投资主体一体化带动流域治理一体化，进而实现流域一体化运营和区域协同发展。流域治理作为政府主导、部门联动、市场运作、社会参与的一项综合性改革，探索目标一体、规划一体、投资一体、措施一体、标准一体、建管一体、运营一体、信息一体、利益一体的治理新模式，其路径在一体化治理，其核心在流域公司建设，其方向在流域经济、社会、环境协调发展。要坚定不移贯彻创新、协调、绿色、开放、共享的新发展理念，做强做大做优流域公司，以公司为平台，推进流域投建管运一体化，促进生态治理与区域发展有机结合，将生态优势转化为发展优势，推动流域绿色转型和区域协同发展，最终实现流域和公司高质量发展目标。

执笔人：张淳　臧志成

第八章

盐湖股份：保障国家重要资源供应

察尔汗盐湖位于青海省柴达木盆地的“盆底”，面积达5856平方公里，是我国最大、世界第二大盐湖，各类资源储量达600多亿吨，潜在经济价值达数十万亿元，丰富的资源禀赋孕育了国家民族钾肥工业的旗帜——青海盐湖工业股份有限公司（以下简称盐湖股份）。盐湖股份依靠青海察尔汗盐湖得天独厚的资源禀赋，逐步成长为国家重要的钾肥和锂资源基地。近年来，盐湖股份按照“加快建设世界级盐湖产业基地”宏伟蓝图，坚持绿色低碳发展理念，自觉承担“粮食安全、资源安全、生态安全”重大职责，以改革创新驱动发展，构建“资源+资本+科技+市场”发展模式，在积极服务国家战略大局中，不断探索生态友好、绿色低碳、循环利用的高质量发展新路径，奋力书写新时代盐湖产业发展新篇章。

一、从钾肥基地到国家级盐湖生产示范基地

盐湖股份目前已成为中国最大的钾肥工业生产基地，拥有年产500万吨氯化钾（钾肥）、40万吨硝酸钾、3万吨碳酸锂的生产能力。盐湖股份的主导产品是盐桥牌氯化钾，历经60多年发展，通过持续创新，依靠自身力量，实现了钾肥浮选法、冷结晶法、兑卤法、热溶法、冷结

晶正浮选法等多种生产工艺技术的产业化，2015年产能达500万吨，处于世界先进水平。盐桥牌钾肥作为中国最大的氯化钾品牌享誉国内外。

近年来，盐湖股份深入贯彻落实国家重大战略部署，加强盐湖资源整合，打造以循环经济为特征的“生态镁锂钾园”，建成以盐湖化工为特色的大型综合性企业，并计划到2025年发展成为国际知名的盐湖资源生产运营商，世界级盐湖产业基地建设稳步推进，同时统筹推进盐湖、油气、有色金属、可再生能源、生物资源等多产业耦合发展，深化清洁能源开发利用，打造国家级盐湖产业循环经济示范区。目前，盐湖股份实现了从单一的钾肥向化肥产业、无机到有机、化工到精细化工等多重跨越，产品由单一氯化钾发展到硝酸钠、碳酸锂、镁合金编织袋等多种产品，涉及工业、农业、航天航空、新能源、新材料等领域。

二、深化企业改革，推动绿色发展

（一）强化顶层设计，锚定绿色高质量发展路径

2020年6月，中央全面深化改革委员会第十四次会议审议通过了《国企改革三年行动方案（2020—2022年）》，确定今后3年是国企改革关键阶段，并就增强国有经济竞争力、创新力、控制力、影响力、抗风险能力提出明确要求。同年10月，党的十九届五中全会立足中国特色社会主义进入新时代，牢牢把握社会主要矛盾变化的新特征，顺应人民群众对美好生活的新期待，科学规划了“十四五”基本实现社会主

义现代化的时间表、路线图，为全党在新时代开启新征程、创造新辉煌提供了根本遵循。同年 12 月，中共青海省委十三届九次全会系统谋划“十四五”时期全省经济社会发展的指导思想、主要目标、重点任务、重大举措，对国有企业尤其对盐湖事业发展提出具体要求，优化升级“四张牌”全产业链，建设世界级盐湖产业基地；着力建设现代化盐湖产业体系，提高资源综合利用效率，打造具有国际影响力的产业集群和无机盐化工基地；巩固提升全国钾肥生产基地地位。在这些国家战略牵引和叠加优势作用下，盐湖股份对照与世界一流企业存在的差距、自身存在的短板和弱项，精准发力，坚持向改革要动力、增活力，因势利导、因企制宜、顺势而为，对标对表《青海建设世界级盐湖产业基地行动方案（2021—2035 年）》，结合盐湖发展实际，研究制定以《“十四五”生态盐湖产业发展规划实施方案》为核心，国企改革三年行动方案、创新规划、科技规划等专项规划为补充的中长期发展规划体系，明确战略定位，坚定改革发展目标，以“强企业、富员工”和“充分授权、有效监督、阳光激励”为改革发展方针。

一是明确战略部署。全面实施“一核两翼、多点支撑、生态优先”战略部署，“一核”是以提升盐湖资源综合利用水平为核心，“两翼”是指钾肥业务和锂电新能源材料业务，“多点支撑”是打造金融服务平台、生态旅游业务、贸易、运输及其他商业服务板块，“生态优先”是牢牢把握国家碳达峰碳中和的中长期目标，树立绿色发展理念，坚持产业发展与生态保护相统一，实现产业与生态环境的协调发展。

二是明晰发展路径。盐湖股份按照“稳定钾、扩大锂、突破镁、发展钠产业和氯产业、开发稀散元素、推进盐湖旅游、拓展资本市场、做精盐湖品牌”的发展路径，持续加强技术改造升级、产业结构调整，以盐湖产业带动新材料、锂电产业、光伏制造、装备制造等产业发展，加快构建绿色低碳循环盐湖产业体系，将全力推动世界级盐湖产业基地建设划分为 3 个发展阶段目标。

第一阶段：到 2025 年，盐湖资源梯级开发利用有序推进，资源综合利用效率进一步提升。钾肥和碳酸锂产量逐步扩大，金融、旅游、康养、美妆、贸易等业务取得新进展，国外资源开发前期工作取得实质性进展，实现建设世界级盐湖产业基地初期目标任务。

第二阶段：到 2030 年，创新驱动转型发展迈出实质性步伐，科技创新能力明显增强，突破一批关键技术，盐湖产业结构持续优化，走出去取得突破性进展，形成系列化、高质量、多样化的钾、锂产品体系。新材料、新能源、高端化学品等产业形成规模，实现建设世界级盐湖产业基地中期目标任务。

第三阶段：到 2035 年，现代化盐湖产业体系基本形成，发展质量效益显著提升，战略性新材料产业成为主要支撑，带动轻金属新材料、锂电产业、光伏制造、装备制造等多个千亿元产业发展，盐湖特色循环经济全面提质升级，基本建成世界级盐湖产业基地。

三是改革发展取得初步成效。截至 2022 年，盐湖股份拥有 500 万吨 / 年钾肥生产能力，产能位列全球第四，是我国最大的钾肥工业生产基地，研发了光卤石水采船、反浮选冷结晶等颠覆性技术，成为世界唯一掌握反浮选—冷结晶、热溶—真空结晶、冷结晶—正浮选等所有氯化钾加工技术的企业，探索出钾资源“固液转化、驱动开采、贫富兼采、循环回收”的独特开发模式，突破了低品位固体钾矿的浸泡式溶解转化技术，大幅提升钾矿资源利用率，助力国产钾肥自给率由 2000 年前的不足 10% 稳步提升至 50%，在保障粮食安全的同时，提升了我国国际钾肥市场话语权。自主开发超高镁锂比盐湖卤水吸附—膜分离耦合提锂技术并实现产业化，相比矿石提锂，具有纯度高、能耗低和成本低的优势，解决了世界级重大难题，并被认定为国际领先科技成果，依托先进技术，拥有 3 万吨 / 年碳酸锂产能，为全国锂业第三、盐湖提锂第一。正在实施 4 万吨 / 年基础锂盐项目建设，致力于打造国家新能源的“护航者”，助力“双碳”战略落地。

（二）深化改革，对标提升，健全机制，激活动力

盐湖股份紧扣战略目标，以改革为着力点，找问题、纾痛点，育新机、开新局，扎实推进以国企改革三年行动方案和对标世界一流提升管理行动为核心的改革提升工作，成立以党委书记、董事长任组长的领导小组，统筹协调、总体推进改革、对标提升等工作，研究制定了盐湖股份《国企改革三年行动实施方案》《对标一流提升管理实施方案》，逐年制定年度改革要点，对管理提升进行谋篇布局、压茬推进。

一是加强党的领导和党的建设。明晰责权，公司运转快速高效。盐湖股份党委坚持“两个一以贯之”“第一议题”制度全覆盖，全面落实“党建入章”“双向进入、交叉任职”“一肩挑”重大要求，完善“三重一大”决策事项制度及清单，督促指导所属各级分（子）公司党组织全部制定“一则两单”，不断厘清公司党委和董事会、经理层的权责边界。充分发挥公司章程在企业治理中的决定作用，对党委会、董事会、经理层在机构设置、规划投资、资产处置、选人用人、薪酬分配、考核激励、监督约束等方面职权作出明确规定，形成坚持党的领导、加强董事会建设、规范治理、强化监督 4 个方面的公司治理制度体系。形成党委会 16 项、经理层 12 项决策事项“清单”，“先党内、后提交”成为重大事项决策固定程序，公司党委充分尊重其他治理主体，董事会、监事会、经理层自觉维护党委发挥领导作用。根据“授权不前置、前置不

授权”等最新改革要求，持续推动“一则两单”第三次修订，厘清了与股东大会、董事会、经理层等其他治理主体的权责边界，党的领导与公司治理有机统一的路径更加清晰，实现了党建工作与改革发展同谋划、同部署、同推进、同考核，真正把党的全面领导贯穿到推动公司改革发展、生产经营的各个环节，充分发挥了党的领导和党的建设在推动改革落实中的重要政治保障作用。

二是加快构建中国特色现代企业制度。盐湖股份切实认识到公司治理是普遍性和特殊性的有机统一，充分遵循治理的普遍性规律，紧密结合自身实际，坚持以章程为准则管理企业，持续完善公司治理体系，不断提升管理治理效能。公司及所属各级分（子）公司已全部成为公司制企业，为加快完善中国特色现代企业制度建设奠定坚实基础。建立章程“动态化调整”机制。通过章程明确界定股东大会、党委会、董事会、监事会、经理层等治理主体职责权限，并根据政策环境、监管体制、转型发展等形势变化，动态修订完善公司章程、议事规则和配套制度，确保公司规范运作有法可依、有章可循。结合公司战略规划、主业方向、股权结构，优化建立与股权比例相适应的治理架构，积极吸纳与企业发展紧密相关的不同行业、专业、领域专家进入董事会，内部董事、专兼职外部董事合理搭配、规模适中、专业互补的董事会提高了公司决策的科学性、专业性、前瞻性。同时动态修订一系列议事规则，对股东大会、董事会、监事会、党委会及专业委员会工作规则、程序进行明确界定，确保各治理主体不缺位、不越位，不相互替代、不各自为政，公司整体治理能力不断完善，基本形成了权责法定、权责透明、协调运转、有效制衡的公司治理机制。

三是健全市场化经营机制。盐湖股份对 6 户“僵尸企业”、35 户“两非两资”子企业采取管理提升、破产重整、清算、注销、财务核销、股权转让等方式全部完成处置。5户重点亏损子企业通过开拓外部市场、加强科技研发、升级改造、清算注销等方式取得阶段进展，公司亏损显著下降。同时，制定《分（子）公司经理层成员任期制和契约化管理办法》，完成公司及所有具备条件的23户分（子）公司47名经理层成员《岗位聘任协议》和年度、任期目标责任书的签订工作。完善了公司管理人员相关制度，明确了管理人员竞争上岗、末等调整和不胜任退出的规定，拓宽了干部渠道，形成了动态管理机制，实现干部能上能下。根据公司实际情况，持续推动市场化公开招聘，并积极引入内部岗位竞争机制。从人才结构、分布、需求等着手，健全人才梯队、完善人才政策、加强人才管理、改善人才环境，实施了共享用工、全员疗休养、强制休假等“我为群众办实事”的用工政策，真正实现了对职工群众做出“强企业、富员工”的承诺，促进了改革成果惠及职工群众，有效激发了各类人才的积极性和创造活力。建立了“业绩升薪酬升、业绩降薪酬降”考核兑现薪酬体系，逐步拉开薪酬等级和差距。通过经营工作与党建工作同安排、同部署、同考核，建立与工资总额相挂钩机制，使企业工资增长与经济效益增长保持合理联动关系。选定试点单位推行超额利润分享、制定尽职合规免责清单、强化各类风险管控、优化考核评价体系、推进信息公开打造阳光国企、市场化经营机制进一步强化。

四是对标世界一流提升管理。盐湖股份对标中化集团、万华化学等行业标杆，持续从战略、组织、运营、财务、科技、风险、人力资源和信息化8个方面，紧紧围绕制度、组织、责任、执行、评价5项体系建设，扎实推动对标一流管理提升行动，找准了自身定位、缩小了与行业标杆的差距，有效促进了生产经营效益的提升。在此基础上，盐湖股份以探索建立“立标、对标、达标、创标”长效管理体系为出发点和切入点，研究制定了《对标一流提升管理效能体系建设方案》，有针对性地采取健全工作制度、完善运行机制、优化管理流程、明确岗位职责、严格监督检查等务实管用的工作措施，坚持突出重点、统筹推进、因企施策、持续加强，促进管理理念、管理文化、管理制度、管理流程、管理方法、管理手段等全面提升。

随着国企改革三年行动方案和对标世界一流管理提升行动的持续深化，盐湖股份有力破解了一批体制机制难题，有效解决了一批长期想解决而没有解决的问题，在重要领域和关键环节实现了系统性重塑、整体性重构，改革已成为公司凝人心聚合力谱新篇、实现高质量发展的高度共识。2021 年 8 月 10 日起，"盐湖股份"恢复上市，市值从 480 亿元飙升至 2344 亿元，重新获得了资本市场的认可，2022 年上半年公司实现营业收入 173 亿元，归母净利润超过 91 亿元，同比增幅超 3 倍，创历史新高。

（三）科技赋能，着力推动创新要素集聚

一是系统推进自主创新能力提升。盐湖股份紧扣打造原创技术策源地国家战略部署，出台《公司科研项目管理办法》《公司知识产权管理办法》等 19 项管理制度，简化科研项目管理流程，不断健全科技创新制度体系。进一步强化科技研发力度，整合国家盐湖资源综合利用工程技术研究中心、资源（盐湖）过程工程教育部工程研究中心、青海省盐湖资源开发工程技术研究中心、青海省盐湖资源综合利用重点实验室等资源，加强与新能源、新材料等产业上下游科研院所、高等院校的合作，共同组建博士后流动工作站、院士工作站等，开展近 100 项课题研究。设立盐湖中央研究院、北京盐湖产业技术研究院，在科技发达地区

合作设立重点实验室等机构，打造公司高端科技研发人才队伍。整合科技研发团队，与华东理工大学、清华大学、重庆大学、北京化工大学以及中化地质矿山总局、中国地质科学院等签订合作协议，开展盐湖资源精细化勘探、资源综合利用评价研究、盐湖资源利用技术攻关。围绕盐湖资源综合利用和高效开发，提升钾资源可持续保障、镁资源多元化高值化发展、锂资源精深加工、卤水稀散元素高效提取、盐湖跨界融合、智能化生产等新技术。多层次推动“卡脖子”产业化关键核心技术攻关和转化应用，发布“揭榜挂帅”科研攻关课题，集中力量突破一批支撑战略性新兴产业发展的关键共性技术、核心技术。设立科技创新基金、科技研发备用金，充分利用公司业绩创历史新高有利条件，进一步加大科技创新投入，2022 年上半年研发经费投入突破 1 亿元，同比增长近 4 倍。将 5G、物联网、云计算、大数据以及边缘计算等技术与盐湖产业相融合，推动盐湖股份各系统的智能化和信息化技术的应用。建立 5G+ 盐湖产业创新应用实验室，智慧盐湖入选国家物联网融合应用示范项目，网络安全系统投入使用，实现“5G+ 重大装备”采盐船无人值守，盐湖信息化、智能化、标准化建设不断深化，“智能盐湖”工业互联网平台——中国盐湖资源绿色循环利用“互联网 + 协同制造”服务平台项目基本建成，将促进公司由传统盐湖资源型工业企业向数字化转型，实现盐湖材料采集的智能化、生产加工智能化和共享化。通过整合科技创新资源，公司整体科技创新能力、动力、效率持续增强，将科技变为驱动力，通过科技转变增长方式，加速由资源开发型转向科技驱动型。

二是推动产业链拓展延伸。盐湖股份积极推进布局优化和结构调整，不断推动各类资源向主业聚集。盐湖股份分拆设立资源公司、钾肥公司、销售公司、物流公司、信息公司、投资公司，企业专业化管理和市场化运营能力得到提升。同时，盐湖股份启动营销体制改革，重点投放产粮大省、复合肥生产企业和国家级、省级农资经营机构，开展销售网络平台建设，进一步增强市场把控力、反应力和支撑力，在春耕保供期间，积极响应国家和省委、省政府号召，主动参与国家钾肥储备工作，圆满完成“保供稳价”任务。盐湖股份实施延伸产业链项目，重点建设4万吨/年基础锂盐、积极推进闲置资产盘活、布局磷酸铁锂项目、建设盐湖旅游小镇等，培育新的利润增长点，促进盐湖资源开发多元化。为稳住“钾、锂”根基，盐湖股份实施东中西采区提质增量等8大工程，目前部分项目已见成效，卤水质量和供给率有效提升；实施钾肥生产装置技改项目，确保2022年完成75万吨增产任务，并为2023年增产蓄能。

三、绿色发展取得重要成就

一是钾肥基地建设完成。盐湖股份经三代盐湖人数十年不断创业创新创优创先，建成了我国最大钾肥工业基地，形成钾盐、钠盐、镁盐、锂盐、氯碱五大产业群，成为中国钾肥行业“排头兵”企业、国家柴达木循环经济试验区龙头骨干、国家盐湖资源综合利用示范基地，省属利税大户、四大支柱产业。

二是突破卤水提锂技术难题。盐湖股份突破性攻克了镁锂比高达500多倍卤水提锂的世界性技术难题，取得吸附法、纳滤膜等关键性技术的突破性进展，为达到电池级碳酸锂奠定技术基础。并在一步法制取高纯度氢氧化锂技术方面取得重大突破，推动氢氧化键满足电池级氢氧化锂指标，填补了这方面空白。随着锂电池在国内外市场的广泛运用，盐湖股份将为青海省千亿元锂电新能源产业发展提供原料保障，努力成为贯彻国家新能源政策的“护航者”。

三是打造盐湖循环经济绿色发展模式。在传统的3R（减量化Reducing，少投入多产出；再利用Reusing，综合利用尾矿；再回收Recycling，尾液母液返回矿区）基础上，固液转化、驱动开采增加再发现（Rediscovery），利用太阳能、人造湿地盐渍土淡化实现生态环境再改善（Environment Improvement）。盐湖股份通过技术创新提升收率与利用率实现减量化；通过尾盐钾、尾液钾100%综合回收实现再利用；通过固液转换驱动盐湖再造实现再回收、再发现；通过建造人造湿地，使这里成为鱼鸟及动物栖息宝地，使生态、生产、生活融合发展实现再改善。

四是科技创新能力持续加强。盐湖股份强化创新第一动力、人才第一资源支撑高质量发展的作用，推进科研体制改革，发挥院士工作站、博士后科研工作站、专家工作站以及首席科学家制度作用，成立盐湖中央研究院、盐湖北京研究院等研究平台。进一步引导镁、锂产业建设国家技术创新中心、技术创新战略联盟和省级工程技术研究中心、重点实验室和高新技术企业、科技型企业，构建绿色产业技术体系和创新集群。强化知识产权保护，构建科技创新成果转化激励机制。着力培养和引进能够突破关键技术、带动新兴产业的高层次创新创业人才和职业经理人。

五是管理创新水平得到新提高。盐湖股份着力加强落实业主负责制+资本金制、招投标制+项目经理制+合同管理制、监理制、例会制，提升项目建设质量。着力强化全面规范化生产维护（TnPM），有效推进设备管理上台阶。着力抓好全面质量管理（TQC），健全标准化体系，推进标准化生产，推进质量品牌战略。着力抓牢健康、安全和环境管理体系（HSE），落实安全是最大效益的理念。着力智能盐湖、智慧工厂建设，实现两化融合。着力优化“7621”营销模式，提升经营效益。着力坚持四规一制“读诵受持”、四不放过、四种常态，提升全员履职担当能力。着力全面预算管理，建设“小前台、强中台、大后台”，实现降本增效。

四、盐湖股份高质量发展的主要经验

一是战略大调整，从单纯依靠钾到大力发展锂。盐湖股份有着辉煌的发展史，1958 年至今，经过 60 多年的艰难创业，建成和稳定运行青海百万吨钾肥项目，确立在钾产品生产中重要的行业地位。认真总结发展经验，学习落实世界级盐湖产业规划等政策文件，加强与赛迪智库、中科院盐湖所等智库合作，研判行业发展形势，精准聚焦发展极具市场潜力的锂资源技术和产品创新，把锂资源产品确定为盐湖股份的战略转型方向。目前，盐湖股份已落成和稳定运行 3 万吨 / 年工业碳酸锂，未来计划总规模达到 10 万吨 / 年的锂盐产品，力争建成全国最大的盐湖提锂系列产品生产基地。

二是创新“排头兵”，率先探索高纯度卤水提锂先进技术。盐湖股份拥有全国锂资源储量最大的察尔汗盐湖。尽管盐湖卤水中含有丰富锂资源，但由于镁锂比高，导致锂资源不易分离，传统生产技术和装备提锂难度大，锂资源开采量和后期的产品转化受到严重制约。盐湖股份与中科院盐湖所合作研发，通过多年的工艺优化和创新，突破了从超高镁锂比低锂型卤水中提取锂盐的技术，达到国际先进水平。在此基础上，盐湖股份规划了高镁锂比卤水锂资源富集与提取关键工艺、晶间卤水体系核心萃取、离子筛和选择性吸附技术等几条长期研发路线，持续研发制备适用于高镁锂比的盐湖卤水提锂的新型功能材料，搭建高镁锂比条件下的锂分离性能以及分离剂的再生方法和工艺条件，开发出一些低能耗高效率的分离工艺和设备，积累了一系列研究高效能锂离子富集材料、吸附塔设计及深度除杂等工艺。

三是中试促转化，建设中试环境加速新技术转化。为进一步提升完善锂资源研发效率，推动卤水提锂技术创新成果转化在盐湖落地，促进锂资源真正实现市场价值，盐湖股份快速建成并运行盐湖资源开发中试基地，为突破盐湖资源开发利用的关键技术和大规模生产提供生产设备设计选型、为生产控制参数设置提供依据和技术支撑。同时，盐湖股份加强人才的培养和锻炼，为以后大规模装置的建设和运行培养高素质人才打好基础。

四是产品多样化，不间断工艺创新和持续优化。盐湖股份通过多年的工艺优化和创新，形成了一整套集吸附提锂、膜分离浓缩技术耦合于一体的工业化示范装置。在锂资源综合利用方面，被列入综合利用先进技术目录，达到国际先进水平。盐湖股份中期规划发展锂基精细化学品、锂基合金、锂能源材料，重点包括电池级碳酸锂、氢氧化锂、高纯氯化锂、磷酸铁锂、六氟磷酸锂等锂基精细化学品，远期规划发展镁锂合金和锰酸锂、镍酸锂、钛酸锂等锂电池材料，提高盐湖资源开发技术水平和资源利用效率，实现盐湖资源从“资源—产品—再生产品”的循环式经济发展模式，实现了盐湖区域经济的协调发展。

执笔人：殷璐　魏彩兰

第九章

腾讯公司：数实融合挖掘高质量发展新动能

过去10年，是全球数字经济蓬勃发展的10年，也是腾讯加速变革的十年。作为互联网行业的一员，腾讯得益于时代发展的大潮，也始终在浪潮中不断思考和调整自身的战略，为更好地顺应时代发展需要作出应有贡献。一方面，腾讯始终坚持“用户为本、科技向善”的核心理念，让产品更好地为人服务，这也成为腾讯能够在大浪淘沙中稳住航向的灯塔；另一方面，腾讯积极拥抱时代变化，历经数次战略升级，从消费互联网到产业互联网、从产品创新到技术创新、从商业价值创造到社会价值创造，腾讯不断改造自身，以适应航行中海流、天气等环境变化。今天的腾讯，正以产业互联、科技创新、生态共益的方式，投身到全方位助力我国实体经济高质量发展的新征程中。

一、产业互联，助力实体经济

“十四五”规划指出，以数字化转型整体驱动生产方式、生活方式和治理方式变革。当前，“数实融合”正从“选答题”变成每个行业都要面对的“必答题”。对科技公司而言，数字技术是能力，助力实体经济既是选择，也是责任。

（一）做好产业互联网工具箱

2018年，腾讯在自己20周岁的时候宣布“扎根消费互联网，拥抱产业互联网”的战略。马化腾在2018年《给合作伙伴的一封信》中明确表示，要让个人用户获得更好的产品与服务，我们必须让互联网与各行各业深度融合，把数字创新下沉到生产制造的核心地带，将数字化推进到供应链的每一个环节。没有产业互联网支撑的消费互联网，只会是一个空中楼阁。为此，腾讯成立了腾讯云与智慧产业事业群（CSIG），全力推动产业互联网战略，致力做好“连接器、工具箱和生态共建者”，成为各行各业的数字化助手。

依托腾讯20余年服务10亿级海量用户的技术锤炼与服务经验，腾讯产业互联网以云为基座，将音视频、大数据、AI、物联网、安全等领域先进技术与企业微信、腾讯会议、腾讯企点、腾讯文档等企业服务应用相结合，针对不同行业特点打造专业解决方案。同时，充分开放内容号、小程序等内部生态，通过腾讯云启、腾讯千帆等平台计划，联合外部9000多家生态伙伴，为超过30个行业提供400+行业解决方案，激发实体产业新效能，打造数字经济新引擎，助力各行各业实现数字化升级。

其中，随着作为基础设施的云计算技术不断发展成熟，应用规模也在快速增长。“腾讯云”为企业、机构和个人提供云计算等技术产品与服务，构建可持续性云端生态，助力各行各业实现数字化升级。经过20多年的技术沉淀，腾讯云的基础设施覆盖了全球五大洲27个地区，运营70个可用区。腾讯积极开发利用云计算基础的操作系统，助力企业加快数字化转型。2021年，腾讯提出分布式云战略，并发布了遨驰云原生操作系统。该系统能管理1亿核CPU，满足各行各业在数字化转型过程中对云计算的多样化需求。

腾讯充分发挥应用层的经验，积极投入智慧产业工具研发，不断开拓新型产业工具及功能，通过基础工具的应用激发产业能量，与行业伙伴共同挖掘产业深层价值。腾讯协同办公“一门三杰”（企业微信、腾讯文档、腾讯会议）就是其中的代表。2022 年 1 月，企业微信 4.0 正式发布，企业微信、腾讯文档、腾讯会议三大 SaaS 产品正式融合打通，在企业微信上联合推出一套全新的效率协作功能，更好地释放企业微信的“连接力”。这意味着一个会议号即可连接 3 亿腾讯会议用户和企业微信上 1000 万家企业和组织，帮助行业伙伴，共同助力实体经济。

在拥抱产业互联网的进程中，腾讯坚持“有所为，有所不为”。在“用户为本，科技向善”的使命愿景之上，腾讯期望为产业提供“最有效的数字接口和最完备的数字工具箱”，助力各行各业实现数字化转型升级。

（二）发挥 C2B 优势加速数实融合

如何借助产业互联网丰富的数字化工具箱，来加速实体产业的数字化转型升级，进入数实融合共生的新阶段？整体而言，大致有 3 个主要路径：一是从需求侧出发，也就是先对最终用户进行数字化连接，并由此展开数字化营销、服务及社群运营等，再逐步传导到生产侧和管理侧的数字化。如零售等 2C 型行业，直接面向最终用户提供服务，通常会采取这条路径。二是从业务生产侧出发，也就是先对生产的重点环节或流程进行数字化改造，提升生产质量和效率，由此推进供应链的数字化，最终传导到需求侧的连接和运营，并对管理进行匹配的调整和升级。如采掘、装备制造等2B型行业，服务的客户是企业，或者产品的专业性较强，通常会采取这条路径。三是从组织管理侧出发，也就是先考虑组织办公、财务、人力资源、IT等支撑部门的需要，用数字化提升组织内的支撑和管理水平。由此再延伸至业务单元和客户触点的数字化，同时推动系统的互联互通，提升组织数字化协同水平。如大型企业、事业单位，组织比较庞大或复杂，内部支撑和协调的工作较多，通常会采取这条路径。

C2B是腾讯推进产业互联网的特色模式。所谓C2B，简单理解就是将互联网海量用户的连接能力，与各行各业的企业对接，帮助企业扩大客户群，实现需求与供给的动态匹配。这种定制化的供给方式，可以满足更多的细分市场下的长尾需求。主要有3个步骤：第一步是完成与用户的连接；第二步是深度洞察用户个性化需求；第三步是匹配用户需求并完成批量定制。连接的关键是扩大客群范围，并将公域流量有效转化为私域流量。未来企业需要凭借公众号、小程序、社交广告等数字化渠道完成与用户的连接，在保护好用户隐私的前提下充分关注用户的消费偏好。洞察的关键是基于用户数据解读个性化需求，并将小众需求汇聚成批量需求。匹配的关键是根据用户个性化需求动态调整产品构成，通过细分颗粒度完成批量化定制生产。企业可利用数字技术与平台，不断细化产品的工艺流程并拆分更细颗粒度的零部件，同时打通库存管理系统、供应链管理系统以及生产管理系统，从而获得柔性生产能力。

（三）服务业互联网，提升人与服务的互动体验

服务业的主要特点，是人与人的互动。服务业互联网，可以理解

为借助互联网等数字技术与应用，将传统服务业的服务与线上客户连接，提升服务者与客户的互动便利性，并将服务业企业低效率（如服务资源调配）或高成本（如人力成本）的环节用数字技术重点改造，实现服务业全流程数字化，提高服务业企业服务的供给弹性、效率和质量，使优质服务能及时提供给有需求的客户，并满足客户个性化的需求。

在这一方面，腾讯积极构建服务业互联网，持续提升人与服务的互动体验。以昆明长水国际机场（简称昆明机场）为例，昆明机场采用数字化身份、互联网、大数据智能推荐等技术手段，以服务智能推荐为主导，结合室内定位导航，使用小程序统一入口，为旅客在机场的不同场景提供全流程的服务，提升了乘机全流程服务的便捷性。

昆明机场全流程服务存在两大挑战。一方面，管理要求高、运维难度大。云南机场集团目前运营 18 个机场，已形成以昆明机场为中心的机场群，全年旅客吞吐量超 7000 万人次。作为面向南亚、东南亚的辐射中心，以及西南地区重要交通枢纽，昆明机场有着非常高的管理、运维要求，需要率先做出数字转型升级。另一方面，数字化程度要求高。在云南省人民政府大力推进“数字云南”建设、推动交通运输产业大发展的背景下，昆明机场也需要积极推进数字机场建设，让旅客享受到便捷乘机新体验，提升旅客满意度。

面对昆明机场全流程服务数字化提升要求，腾讯借助服务业互联网产品，通过 4 个步骤，实现服务提升。一是打破出行服务业务交互“壁垒”。腾讯通过数字化身份、应用连接器、服务编排技术实现旅客各类公众服务和商业服务的数字化全连接，重塑旅客数字化出行体验。数字化支撑了机场各服务单位业务办理和服务质量评估统计，促进机场服务管理水平提升。二是提供多种营销活动工具，支持线上线下联动促销及活动核销。腾讯搭建导购服务体系，跳出场地局限，把销售范围拓展至线上，同时，提供灵活的分账管理系统，多商户合单分账结算，提供多维度经营数据看板，让数据指导门店经营。三是打造微信服务小程序。腾讯打造旅客服务微信小程序，满足“千人千面”的服务需求，提供行李查询、室内导航、在线值机、临时乘机证明、机场巴士查询、防疫码等40多项线上自助便民服务措施，为机场旅客提供全流程、场景化、个性化、智能化的精准服务。四是腾讯通过微信小程序，结合室内导航，实现精准定位，破解室内“数据孤岛”问题，通过整合业务数据，提供店铺、登机口级别导航，实现VR实景探店、AR互动营销，前沿科技赋能营销工具，助力商圈一体化发展。通过腾讯旅客服务微信小程序，昆明机场建成包括线上旅客服务、在线商场、室内定位导航、交旅融合和旅客服务管理后台5大模块，通过一整套统一的数字服务，为机场旅客提供了一体化的线上服务体验，获得客户一致好评。

（四）工业互联网，提升人与机器的协作效率

工业的主要特点，是人对机器的操控。工业互联网，可以理解为借助互联网等数字技术与应用，将工业的机器设备、物料、供应链等“物”与人连接，提升人与机器的协同工作及管理效率，并将工业企业内部生产运营与外部合作及客户营销等环节用数字技术重点改造并连接，实现工业全流程数字化，提高工业企业生产运营效率和产品质量，降低成本及损耗，使得优质的工业产品能及时提供给有需求的客户，并满足客户个性化的需求。

腾讯通过腾讯云，助力南方电网云平台升级，实现了电力精准运营

效率提升。依托南方电网云平台、云数一体的数据中心，南方电网形成了强大的“电力＋算力”数据分析系统，实现了对用电负荷、电量数据的精准预测，确保负荷的供需平衡，为清洁能源的充分消纳提供了支撑。

电网业务复杂度较高，落地应用呈现多样化态势，相应的 IT 基础设施的复杂程度也远超传统企业，这对于“南网云”的安全性、可靠性、灵活性和可控运行提出了更高的要求。一是“南网云”平台的 IT 基础设施需要完成标准化建设，从而能以多样化的应用架构，全面支撑南网金融业务、综合能源业务等企业级应用的快速生成。同时，IT 基础设施应当具有灵活性和扩展性，方便统一规划管理和统一技术标准，进而提升系统集成效果，减少运维难度和工作量。二是“南网云”平台实现云化、服务化、开放式 IT 架构升级，需要平台自身具备高稳定性、强兼容性等特点。“南网云”平台需要具有弹性伸缩、资源快速交付、开发测试敏捷、应用快速部署、故障资源和 IT 资源标准化等能力，以支撑南方电网公司数字化建设，从而实现能源链上下游、电力供应链上下游配合，达到将电力作为算力，向社会公众开放的效果。

面对上述问题，一方面，南方电网采用腾讯云全栈 IaaS+PaaS 综合解决方案，以“私有云＋公有云”的混合模式开展统一建设，全网以“主节点＋分节点”的方式进行部署，涉及南方电网 9 个分（子）公司的业务系统，并和腾讯云公有云进行统一集成，实现了南方电网电力供应链上下游的有效融合。另一方面，腾讯云以微服务平台 TSF、容器平台 TCNP 为底座建设“南网云”业务中台，对南方电网现有的多个业务系统的共用能力进行分析和整合，实现系统解耦，并依托微服务架构的优势，通过单独部署、分布式管理来解决因系统规模扩大而可能引发的稳定性和兼容性等一系列问题；通过微服务架构的搭建，逐步积累“南网云”的中台能力，为后续多业务集成的业务中台提供有力的技术支撑。

腾讯云的普遍应用，快速实现南方电网总部基地主节点的扩容和9个分（子）公司云平台的正式上线，实现了南方电网核心业务统一服务平台的稳定运行；解决了月底、月初高并发场景下缴费、查费等流程中常见的故障问题。试运行期间，“南网云”平台为企业全网提供了210次上云支撑，保障了拥有近亿用户的互联网客户平台、电力市场交易系统等376个重要系统和519个微服务的安全稳定运行，实现主节点58个存量云应用迁移，分节点6个异构云纳管。“南网云”平台的建成实现了南方电网IT资源的统一管理和灵活调配、服务高效集成和应用敏捷开发，助力南方电网快速实现业务应用的云化、服务化和数字化。

（五）农业互联网，提升人与自然的和谐共生

农业的主要特点，是人对农作物的种植和家畜的养殖。农业互联网，可以理解为借助互联网等数字技术与应用，将农业的种养对象、养料（如化肥）、自然环境（如天气）等与人连接，借助大数据等手段，让农户能更精细掌握种养对象的生长情况，并能及时掌握环境变化，采取最佳的种植或养殖策略，提升人种植农作物或养殖家畜的产量、效率和质量。同时，将农业加工生产与外部合作及客户营销等环节用数字技术重点改造并连接，实现农业全流程数字化，使得优质的农产品能及时提供给有需求的客户，降低传递过程中的损耗，并满足客户个性化的需求。在这一方面，腾讯积极助力山东莘县，打造蔬菜

全流程安全溯源体系。

山东莘县农产品产量丰富，质量可靠，有“中国蔬菜第一县”美誉，与山东寿光齐名，现代农业是莘县的特色产业和优势产业。腾讯安心平台通过“一物一码 + 区块链”技术，围绕农产品成品做身份标识，实现由下而上的信息溯源，明确界定生产流通中每个环节的责任主体，记录生产加工全过程的质量安全信息，建立健全的安全溯源体系，是面向多行业的一站式溯源保护数据共享平台。

蔬菜全流程安全溯源体系的建设，需要解决 3 个痛点。一是源头上，需要确认原材料的真实产地，控制产品的品质，同时也能有效防止其他地区农产品冒充本地优质农产品。二是生产流通上，需要对产品加工阶段进行产品的检验检测以及数字化管理，对流通仓储环节进行信息数据统计，保证在生产运输过程中的产品品质以及信息可追溯。三是终端销售上，需要为消费者提供产品完整原材料、生产加工等信息，最终确保产品质量，同时需要对经销渠道、销售终端进行全程管控，提升产品销售科学管控效率。

面对上述痛点问题，腾讯助力莘县蔬菜采用“一物一码”、区块链、物联网、人工智能等技术，搭建农产品质量安全监管平台、品控及溯源管理平台、数码防伪平台、品牌产品防窜监管平台、农产品可追溯查询平台，实现库存管理、订单管理、预售管理、农产品全程管理以及追溯体系管理。具体来说，在原材料方面，实现场地溯源追踪，源头产品品质管控；在生产端，实现产品生产加工阶段的监控，生产管理的可视化数据管理；在运输端，实现运输路线、出入库信息的管控；在销售端，实现经销渠道、销售门店信息的全程管控，以及产品销售信息管理。

腾讯安心平台以“一物一码”为总体思路，构建数据驱动、多方协同的食品安全治理模式，促进食品安全状况的稳步提升。建立覆盖种植养殖、生产加工、仓储物流、终端销售、检验检测、政府监管、企业管理、公众查询等各环节全流程的食品安全追溯管理体系，可实现食品质量安全的全覆盖、全链条、可追溯，以数字化形式为广大群众提供饮食安全的知情权和监督权。

（六）公共服务互联网，提升居民生活质量

产业互联网不只应用在产业经济领域，也要走进人们的日常生活，成为数字基础设施，为社会公共服务的标准化、便利化、普惠化，提供重要助力。比如，在医疗领域，数字化打通咨询、挂号、问诊、购药、支付等健康服务环节，为用户提供线上线下一体化服务，助力医疗机构数字化升级；在教育领域，技术与教育深度融合，助力教育实现更公平、更智慧；在政务领域，数字化扩大“一网通办”服务范围和效率，打通政务服务的“最后一公里”等。在这一方面，腾讯积极助力深圳市疾病预防控制中心，打造了深圳市现场流行病学调查处置系统。

2022年春节以来，深圳新冠疫情呈现多点、各区、多链条暴发，为了快速开展流调溯源和处置，深圳市疾病预防控制中心与腾讯健康、腾讯企点等技术团队联合研发了“深圳市现场流行病学调查处置系统”。该系统融合了互联网智能电话、语音识别、自然语言处理等先进人工智能技术，为病例流调、现场处置、密接管理、采样送检、指挥协同等疾控流调处置全流程，提供多角色、实时信息化协作，帮助一线流调员高效流转信息，提升响应速度。

流调信息采集是新冠疫情防控工作中，最费时、费力的工作。原

本的流调处置工作，是要流调员通过“一手电话、一手拿笔、一边询问、一边记录”的方式，对每个有可能存在风险的个案、密切接触者，进行仔细问询。这个过程主要依赖使用内部办公自动化及时进行信息流转，信息格式包括电子文档、表格、图片、照片、视频等。大量信息的多样化、碎片化、分散化，需要耗费大量的时间和精力进行信息梳理与整合。流调员还经常遇到流调对象不接电话或挂断电话的状况。

腾讯助力深圳市疾病预防控制中心打造的深圳市现场流行病学调查处置系统，通过嵌入互联网智能电话，让流调访谈人员在腾讯企点客服机器人的帮助下解放双手，实现边访谈边记录，记录完成后，即可一键生成多种电子文档，包括个案核心信息表、密切接触者一览表、重点场所一览表、初步流调报告等。同时，为了使市民安心接听流调电话，系统呼出的电话统一标识为“深圳疾控中心”来电，以短信形式提醒市民安心接听电话，提升对流调工作的配合度。系统功能涵盖疾控流调处置全流程，包括病例流调、现场处置、密接管理、采样送检、指挥协同五大模块，实现了流调处置工作全流程多角色实时信息化协作，帮助一线流调人员高效流转信息。

二、科技创新，勇攀数字高峰

科技创新需要坚实的基础。随着中国数字经济发展进入产业互联网阶段，腾讯秉承技术和产品协同创新理念，以丰富的场景应用为牵引，持续加大对底层技术的投入，在基础软硬件、前沿技术等方面不断突破，努力为国家科技自主创新、自立自强贡献力量。2021年腾讯研发投入达到518.8亿元，较2018年实现翻番；研发人员数量增长41%，研发队伍不断壮大；新增研发项目超6000个，增量比2020年增长51%。2020—2022年，腾讯累计研发投入已经超过1200亿元，年均增速超过30%，通过科技创新为产业提供价值。

（一）加快基础技术自研，助力国家科技自主建设

经过多年的投入和积累，腾讯在互联网工程技术、信息安全、媒体技术等互联网信息的应用技术领域已经具备一定领先性。在此基础上，腾讯努力在基础软硬件等更加底层的关键核心技术研发上发力，目前在服务器、操作系统、数据库等底层能力上已经基本实现全自研，能够有力支持国家科技自主建设的需要。

自主软件方面，操作系统一直是腾讯研发投入的重点领域，已经研发了国产操作系统TencentOS超10年。2021年，腾讯对外发布行业首家全域治理的分布式云操作系统遨驰，单集群支持10万级服务器、百万级容器规模，管理的CPU核数超过1亿。

数据库方面，腾讯云分布式数据库可以支持10P存储空间，单机每秒查询率（QPS）最大可达到每秒1亿，已经与百余家行业头部合作伙伴完成了产品兼容性相互认证。目前客户数超50万户，大量企业已采用国产化腾讯云数据库。

音视频技术方面，腾讯自主研发的编解码技术全球领先，已拥有超100项新一代国际编解码专利，在2021MSU世界视频编解码大赛的多个主流赛道上夺得第一。

安全技术方面，腾讯安全依托20多年的实战攻防经验和“原厂原

装”的云安全体系，持续加大技术投入，牵头40多项国际、国家、行业标准研发与制定，拥有超过2200项专利授权，为数字政务、金融、零售、地产、医疗、能源等行业客户开展数字化业务提供安全保障。2022年初新冠疫情期间，腾讯安全还开展了“远程办公护航计划”“数字菜篮子”等专项工作，为物流冷链、企业远程复工等社会民生工作提供安全支撑。

此外，腾讯专有云TCE获得国内首批数字化可信服务平台认证。腾讯自研的第四代数智融合计算平台“腾讯—天工”采用自研隐私计算技术，从机器学习到大数据分析为各个场景提供全方位保护，可以支持千亿级规模的海量数据训练。在数据安全方面，腾讯能提供3072bit业界最高强度加密和TEE硬件双保险，最大限度确保数据安全。

自主硬件方面，2020年腾讯成立了硬件实验室——星星海实验室，面向产业互联网加速技术自研，已经发布了包括星星海服务器在内的多款自研硬件产品。和传统服务器相比，星星海服务器统一的整机方案可以支持不同的CPU主机。根据测试，星星海服务器可以实现云服务实例综合性能提升35%以上，其中视频处理速度提升40%，图形转码得分提升35%，Web服务页面QPS提升高达152%。2021年3月，基于星星海灵动水系AC211服务器打造的SA3发布，在AI场景下，实测性能提升220%以上。2021年4月，基于星星海灵动水系XC221服务器打造的S6/M6/C6，可以为游戏、网关场景带来高达5倍的性能增幅。截至2022年，腾讯云在全网运行的服务器已超100万台，是中国首家、全球第五家运营服务器超过百万台的公司。而腾讯云100G云服务器，是国内首个规模应用100G超大网络的云服务器产品系列，进一步提升云场景适配度。腾讯还成立了专注芯片研发的蓬莱实验室，旨在实现芯片端到端设计、验证全覆盖。2021年，新推出3款自研芯片，包括AI推理芯片“紫霄”，用于视频处理的“沧海”以及面向高性能网络的“玄灵”。

（二）奋力挺进前沿科技领域，跻身全球创新前列

2019年以来，在人工智能、机器人等前沿科学“深水区”，腾讯以“计利当计天下利”的责任感，以自身之力先后建立人工智能、机器人、5G和多媒体技术等前沿科技实验室。实验室一方面强调不得追求短期收益，确保结构、人员及资源配置稳定，且不进行常规绩效考核，以保证科研人员能去除浮躁，踏踏实实做好“面向星辰大海”的人；另一方面尊重基础前沿及关键技术研发规律，团队做到涵盖多个交叉学科的“多兵种配置”，并加强与国内外高校和科研机构的合作。

人工智能领域，AI Lab已在美国人工智能年会（AAAI）等国际人工智能会议上发表超600篇文章。在AI+医疗领域，腾讯通过发布首个AI驱动的药物发现平台“云深”，帮助药企和研究机构提高药物研发的效率，降低成本；在AI+内容领域，腾讯AI Lab持续将AI技术与翻译、搜索、虚拟人等场景融合，2018年推出交互翻译产品TranSmart、推出异构向量检索系统VeNN及异构计算框架HCF、发布AI驱动的多模态3D虚拟人“艾灵”“小志”等。

机器人领域，2018年成立Robotics X实验室，致力于机器人前沿技术的研究与应用，探索下一代可进化机器人，加速迈向全真互联时代。2021年，先后发布首个软硬件全自研的多模态四足机器人Max和轮腿式机器人Ollie；2022年，Max在过桩速度、Ollie在触觉能力上均实现了新的突破。未来，腾讯Robotics X致力于研究机器人的机电一体化、

触觉感知、精密控制等技术，推进人机协作的下一代机器人，从而创造人机共存、共创和共赢的未来。

5G技术创新领域，2017年底腾讯开始布局5G技术和应用研究，并率先提出“应用驱动网络演进”理念。在3GPP 5G架构组成功主导5G-AIS云游戏标准立项，成为全球互联网公司首个5G架构报告人单位，在eSBA、eV2X等重点技术领域居全球领先地位，累计提交400多篇5G国际标准提案，居全球公司Top 5。同时，腾讯5G创新中心成为互联网领域首家入选工信部5G应用方阵企业。2021年11月，腾讯5G远程实时操控解决方案实现了在武汉操控1500千米外鄂尔多斯矿区的卡车，延时低至100毫秒。

（三）拥抱开源开放生态建设，扩大科技的溢出效应

作为一家有着浓厚工程师文化氛围的公司，腾讯自2010年开始在公司范围内鼓励和推动开源的代码文化，并在2012年开始对外发布开源项目，与广大开发者一起创造正向价值。“开源协同”也成为腾讯技术发展的核心战略之一。在全球最大的代码托管平台Github上，腾讯共贡献了超过160个项目，贡献者人数超过3000名，获得的全球Star数超过43万。并且，腾讯蝉联了JDK15~18中国企业贡献度的排名第一，也是唯一连续6年进入全球企业KVM开源贡献榜的中国企业。

腾讯一直积极参与开源社区建设。2021年，腾讯云启动了“腾源会”，作为汇聚开源项目、开源爱好者、开源领导者的开放社区。“腾源会”的建立，有助于营造良好的开源协同文化氛围，促使开源爱好者、领导者和实践者合作交流，打破语言和国界之间的隔阂，助力开

放开源世界的建设。2021 年，国产开源操作系统社区 OpenCloudOS 正式宣布成立，腾讯是主要的技术贡献方和首批创始单位之一。该社区致力于开发稳定的操作系统社区版本，打造一个完全中立、全面开放、安全稳定、高性能的操作系统及生态，保障国产研发供应链安全。OpenCloudOS 将成为我国首个具备全链路国产化能力的服务器操作系统，可以为国内企业提供自主可控的上游版本和满足企业级稳定性需求的软件供应版本。

同时，腾讯打造了包括敏捷研发协作平台 TAPD、代码管理平台工蜂、智能化持续集成平台腾讯 CI（蓝盾）等多个提升研发效能工具在内的企业级敏捷研发体系。2017 年 TAPD 正式对外开放，助力各行各业的企业提升研发效能。如 TAPD 在 2021 年发布《小微企业扶持计划》，已助力几十万小微企业进行敏捷转型。

腾讯还广泛开展校企合作，为社会培养更多的开源人才。如腾讯犀牛鸟开源人才培养计划，通过高校合作培育开源人才、普及开源文化，助力开源人才生态的发展，目前已经吸引了来自 420 所国内外高校的超过 3000 名学生参与。腾讯云建立产业开源联合实验室，并将在未来与国内多所知名高校以及开源企业合作，为在校生、科研人员和企业内的开发者提供代码平台。

此外，腾讯也积极参与标准建设和多方协作，助力开源生态的全面建设。中国电子技术标准化研究院与腾讯云达成战略合作，共同推动开源的标准化和生态建设，帮助开源项目的全方位治理。腾讯云携手中国信息通信研究院，联合微众银行、广发证券等 20 余家公司技术带头人，以开源协同的方式共同编撰《云原生开源白皮书》，为我国开源技术发展、开源生态数字化转型提供了重大参考价值。腾讯云将两大核心技术板块——物联网操作系统 TencentOS tiny 和企业级容器编排引擎

TKEStack 捐赠给了开放原子开源基金会。全栈机器学习平台 Angel、万亿级的大数据消息中间件 Apache Inlong、高性能微服务治理框架 TARS、云原生边缘容器开源项目 SuperEdge 等也陆续进入国际顶级基金会孵化和毕业。

三、生态共益，共创社会价值

腾讯在发展过程中一直不断思索如何依靠自身技术和数字化能力履行社会责任，助力社会发展，创造社会价值，从而更好地“取之于社会，回馈于社会”。2021 年 4 月，腾讯进行了公司战略的第四次升级，将“推动可持续社会价值创新”确定为公司未来发展的核心战略，新成立可持续社会价值事业部（SSV），在基础科学、教育创新、乡村振兴、碳中和、FEW（食物、能源与水）、公众应急、养老科技、数字文化和公益数字化等多个领域开展了多方面的研究和探索，并启动了共同富裕专项计划。在腾讯的 2021 年度特刊《选择》中，马化腾说，社会价值就像是一片土壤，它是整个企业发展的根基，根扎得越深，长在上面的用户价值和产业价值，才能更加枝繁叶茂。我们把用户价值和产业价值做得越好，反过来也能吸收更多阳光和养分，反哺到根部的社会价值。腾讯的服务对象，从用户（C），发展到产业（B），再到社会（S），最终指向是为社会创造价值。腾讯正在尝试用共创的方法，把 CBS 3 个维度的工作融于一体，去做难而正确的事。

（一）推动公益数字化，联结爱心供需

早在 2007 年，腾讯公司与腾讯公益慈善基金会就联合发起创建了腾讯公益平台，成为民政部首批指定的互联网募捐信息平台。秉承“人人可公益的创联者”的理念，腾讯致力成为公益组织和广大爱心网友、企业之间的“连接器”，用互联网核心能力推动公益行业的长远发展。依托移动互联网科技和社交媒体，腾讯公益平台广泛连接慈善组织、爱心企业、学界媒体等专业机构、政府部门及公众“一块做好事”，通过全面数字化助力公益机构升级、提升全民公益服务，构建可持续公益生态，成为用户首选的、可信赖的数字化公益服务平台。

平台搭建方面，腾讯致力打造互联网连接器，促进“人人公益”。汶川地震后，社会各界捐赠热情高涨。腾讯联合壹基金等公益组织依托腾讯网、QQ 等平台及时开通网络捐赠通道，创纪录地在短期内筹集超过 2000 万元用户捐款，是腾讯公益网络捐赠平台的前身。发展 10 余年至今，以做“人人可公益的创联者”为使命的腾讯公益平台已成为国内筹款数量最大、支持公益项目最多、品牌影响力最大的互联网公开募捐信息平台之一。至 2022 年 5 月 18 日，腾讯公益平台累计筹款超过 180 亿元，用户捐款超过 6 亿人次，超过 1.5 万个公益机构入驻平台帮助逾 11 万个公益项目筹集资金，成为互联网公益的先行代表。

重大活动方面，现代社会需要的公益不仅是“做好事”，更是“一块做好事”。广泛持续的公众参与、多元主体的跨界合作、稳定协调的价值共识，是这种现代慈善文化的社会基础。自 2015 年起，在每年 9 月 7—9 日这 3 天，腾讯公益慈善基金会在民政部和中央网信办的指导下，联合国内数百家公募基金会、万余家公益慈善机构及学术机构、媒体和名人等发起全民公益行动节日“99 公益日”，动员个人、家庭、社

区和企业等各类主体“一块做好事”。经过多年发展，“99 公益日”影响已触达不同圈层，场景覆盖线上线下。腾讯公益慈善基金会所倡导的人人公益、理性公益和透明公益等理念，也伴随着“小红花”的 IP 形象和“一块做好事”的标志性口号，从短短 3 天扩展到全年不同时段。2021 年，“99 公益日”为响应共同富裕的号召，在配捐机制、产品体系、企业联动、公益基础建设等方面进一步升级。腾讯公益慈善基金会还投入 50 亿元，用于“99 公益日”及后续的激励资金支持、公益数字化建设以及一线公益帮扶，为中国公益事业的可持续健康发展提供助力，为“第三次分配”提供有力的公益技术平台和数字能力服务保障。捐赠人次已从 2015 年的 220 万人次，上升到了 2022 年的近 6000 万人次。

技术创新方面，腾讯全力开展技术能力对外输出，为公益全链路提供解决方案。2020 年，腾讯公益平台上单个机构管理捐赠用户平均数超过 1 万户，部分机构用户规模甚至达到 400 万户。这对公益组织的数字化基础设施建设、工具和资源储备能力提出进一步挑战。腾讯公益慈善基金会在 2020 年宣布启动“科技公益计划”，并在当年 12 月推出第一批 20 多个腾讯内部自发涌现的“科技公益”案例，涵盖多元的公益慈善议题。比如，在生态保护方面，运用知识图谱技术开发云上识豹小程序，将公众科普和公益倡导结合，助力雪豹保护；在养老服务方面，运用 AI 影像识别等技术打造“摔倒智能报警系统”，帮助养老院解决保护老人行动安全的痛点；在数字无障碍方面，运用腾讯会议背后的天籁 AI 技术，对人工耳蜗和助听器进行升级，发起天籁行动公益计划，有效改善听障人群的听力体验。2021 年 1 月，腾讯公益慈善基金会面向公益行业宣布，腾讯公益平台将开放更多数字化能力，为公益组织提供更丰富的数字化解决方案，比如可视化的用户数据表盘、全链路的数据报表、智能化的筹款策略建议等。同时，腾讯公益慈善基金会计划成立技术发展基金对公益数字化进行扶持。2021 年 5 月 20 日，腾讯宣布拿出 2 亿元，依托腾讯公益平台发起“千百计划”，主要包括补贴 1000 名公益机构的“数字化专职人员”，资助 100 个“公益数字化行业支持计划”，建立 1 所“公益数字化创新虚拟学习中心”。通过这些工作，旨在帮助公益性社会组织依托互联网公益平台，提升筹款、项目和人才方面的能力，实现可持续发展。

公益创投方面，腾讯积极营造可持续公益生态空间，向被支持组织提供助力，增强其持续地提供公共服务、服务社会的能力。2021 年 12 月，腾讯发布了“技术公益创投计划”，该计划重点关注缺乏资金资助、技术支援、运营指导、传播渠道、志愿者能力的 5 类公益性组织，希望以公益的技术和创新之力，助力其提升运营模式和效能，并通过支持优秀案例的复制和扩展，在全社会营造全新、可持续的公益生态空间。为长期致力于信息无障碍、应急救灾、科技助老、生态环保、文化遗产保护 5 大领域事业的公益组织等提供具有针对性的资金、技术和资源支持，助力公益组织实现数字化。创投计划首期自 2021 年 12 月启动申报以来，截至 2022 年 3 月 31 日，共收到 307 份项目申报书，遴选出了 30 个项目进行技术公益孵化，每个项目资助 30 万元，包括大澳湾珊瑚生长区域长期监测计划、读写无碍—读写障碍发展计划、户外预警救援总控云平台、科技助力嘉绒非遗 DNA 保护传承计划、老年轻度认知障碍的数字化诊断及干预、盲人用计算机等项目，覆盖多个领域。

（二）投身可持续发展，共建美好社会

2021 年，腾讯新设立了“可持续社会价值事业部”，搭建起使命驱

动型的“向善实验室群”，对于科技创新、教育创新、乡村振兴和碳中和等领域的项目开展内部孵化，待项目成熟后分拆出来成立工作室运作。“向善实验室群”将以开放方式运转，作为大项目“发动机”，灵活组建跨界跨部门团队，激发各方所长进行共创。

为村发展实验室，以数字连接、开放共建、人才振兴，积极探索乡村振兴互联网+实践。腾讯打造的“腾讯为村”村庄数字化开放公益平台是专门为乡村设计的低门槛、易操作的公益平台。“腾讯为村”根据乡村应用场景需求特点，对内在公司内部拉通30多项产品能力，对外联动农技咨询、乡村文旅、教育培训、法律救援、医疗、养老等20多个行业领域的合作单位和部门，努力为农村经济发展、基层治理能力和公共服务水平提升，提供数字化“工具箱”。截至2022年3月31日，“腾讯为村”已覆盖全国30个地区、247个市、1008个县、2865个乡镇的16825个村及社区，其中包括1372个国定贫困村、2527个革命老区村庄以及514个边疆和民族地区村庄。2021年，腾讯与农业农村部签订了“耕耘者”振兴计划战略合作协议，共同促进我国乡村治理体系和治理能力现代化，推动乡村全面振兴。“耕耘者”振兴计划围绕提升乡村治理骨干的治理能力、新型农业经营主体带动小农户发展能力，3年投入5亿元用于人才培训，将实现线下培训10万人、线上培训100万人。其中，3亿元将用于线下培训；1亿元设立“加油耕耘者基金”，用于课件开发、课题研讨、平台运维、线上奖励等；1亿元为优秀“耕耘者”项目提供公益广告资源。腾讯已在国家160个重点帮扶县之一的重庆酉阳县开展共富乡村建设试点项目，助力打造农村美、农业强、农民富的“共富乡村”。

创新办学实验室，发挥腾讯“连接”和“开放”的能力，探索将腾讯在技术、产品、用户和生态等方面的优势，创造性地应用于教育相关领域。深圳明德实验学校，是由深圳市福田区人民政府和腾讯公益慈善基金会合作举办的教育综合改革示范校。2021 年，腾讯持续助力明德实验学校构建“全方位、全过程、全天候”的信息化支撑体系，以教育技术赋能教学管理、提升管理效能和教学质量的“明德模式”已经形成较大的示范效应。同时，支持学校打造跨学科融合的科技创新实验室，如数字制造、海绵城市等，激发青少年科技创新热情。腾讯青少年科技学习中心与中国电子学会共建全国青少年软件编程等级标准，2020 年起，中心自研的 AI 教育品牌腾讯“创想 AI”课系走进全国 1000+ 学校课堂，引领 10 万多青少年体系化开展人工智能的创新化学习。中心还与中国儿童少年基金会、友成企业家扶贫基金会等机构合作发起“InnoGirls（科技女孩）”“编程 · 创未来”等教育项目，全面推动青少年的科技学习。

碳中和实验室，聚焦碳中和领域进行前沿研究探索，建设政产学研用相结合的碳中和创新型组织。从自身角度，2021 年 1 月，腾讯宣布启动碳中和规划，经过 1 年的碳排查和碳中和路线图探索，于 2022 年 2 月交出了针对气候变化问题的第一份答卷——《腾讯碳中和目标及行动路线报告》。腾讯承诺：不晚于 2030 年，实现自身运营及供应链的全面碳中和；同时，实现 100% 绿色电力。对消费者侧，腾讯探索引领绿色生活方式。如 2021 年 12 月，深圳碳普惠首个授权运营平台——“低碳星球”小程序正式上线，针对用户通过腾讯乘车码参与的公共出行，科学核算二氧化碳减排量并积累相应个人碳积分，培养公众绿色低碳的生活习惯。对产业侧，腾讯致力于以数字化助力产业低碳转型。如腾讯在数据中心的各项减排工作中优化能耗、提升可再生能源比例，不仅服务于自身运营及供应链碳中和的推进，更可以为社会提供低碳绿色算力，帮助客户减少自身碳足迹。2021 年 10 月，中国电力国际发展有限公司与腾讯云达成战略合作，双方计划成立“能源行业 AI（人工智能）联合实验室”，共同开展 AI 技术在能源、电力领域的应用研究，推动能源产业绿色低碳智慧化升级。

银发科技实验室通过赋能、孵化、驱动，更好地服务老龄化社会。2021 年 9 月，中国老龄协会与腾讯签署战略合作协议，共同致力于互联网应用适老化改造，提供更多智能化适老产品和服务，提高老年人数字生活质量。双方优先围绕信息无障碍环境建设、学术交流与研究、老年人教育培训、老年人反诈与网络权益保护、老龄产业生态等方面开展合作。同时，微信与腾讯研究院共同推出了“银龄学堂”，为老年人设计了不同应用场景的多项课程，并分为初阶、进阶和高阶 3 类，通过“老年人的手机课”小程序线上推广，还在北上广深落地了线下培训课程。2021 年 10 月，腾讯公益慈善基金会推出了“银发青松助手”小程序，为老年群体量身定制互联网产品使用教程，涵盖社交通信、生活娱乐、出行旅游等多个领域。腾讯还充分发挥腾讯天籁 AI 音频技术优势，开放自身的能力，从“技术开放”“听力筛查”和“康复行动”3 方面着手，专注为听障人士的身心康复，以及信息壁垒的清除作出贡献。

实验产品中心，挖掘社会价值创新领域，孵化可持续发展新项目。如针对近年新冠疫情、灾害等社会事件，腾讯积极发挥自身产品技术资源和能力优势，协助主管部门探索数字化助力救灾救助的新模式。河南暴雨灾害期间，腾讯文档紧急上线“救援互助信息登记模板”，腾讯问卷火速上线“河南暴雨救援模板”，有需要收集救援求助等信息的组织以及有求助需求的当地群众，可直接使用模板进行救援及求助登记。其中，一个由大学生创建的《待救援人员信息》需求文档，24 小时内超 250 万次访问，涵盖了专业救援队、互助物资、避险地点等模块，成了一个民间抗洪资源对接平台，让不少身处险境的受灾群众成功脱险。腾讯以文字凝结而成的信息之网，在灾难中提供了一种大规模协作的可能性，使网络互助成为应急救援的新模式。南方都市报、南都直播等媒体在各平台直播全城防汛行动，并将腾讯安全中心小程序作为腾讯统一的河南救援互助入口。进入灾后重建阶段，项目组持续引入腾讯健康、腾讯医典等在线援灾义诊服务，并与腾讯黑镜、腾讯举报中心共建灾区反诈防骗预警能力，实时跟进灾后重建工作。

（三）支持基础科研，助力探索科学“无人区”

青年强则国家强，科技兴则国运兴。科学的探索永无止境，腾讯近年来持续加大对新基建和研发领域的投入，践行科学探索的“长期主义”。为鼓励基础科学和前沿科学领域的青年科技工作者探索科学的“无人区”，助力国家基础科研长远发展，腾讯成立了科技生态实验室，自 2018 年发起“科学探索奖”，到 2022 年已成功举办 3 届，资助了 150 位优秀青年科学家。多位获奖人致力于关键领域攻关，成为国家科技事业的中坚力量。除了物质支持，腾讯还举办“青年科学家 50^2 论坛”，为优秀青年科学家搭建高水平的跨学科交流平台；明确了资助从“0”到“1”的基础科研突破，进一步探索在基础科研领域的技术应用和创新实践。

2021 年度，“科学探索奖”呈现出更多元、更紧密、更权威和更严格的四大亮点，彰显了腾讯鼓励科研人才发展、支持各领域科研建设，助力中国科研水平腾飞的企业风范。奖项得到了更广泛的社会认可，其社会价值和信誉声望均在不断攀升。秉持“科学家说了算”的评判原则，2021 年参与“科学探索奖”提名、推荐和评审的专家学者共有超过800位各国院士和20多位著名高校校长。其中，仅在提名推荐环节，参与的专家学者中就有20多位诺贝尔奖、图灵奖、菲尔兹奖等国际大奖得主。从2022年第四届“科学探索奖”开始，研究增加设置了医学科学领域，鼓励医学研究为人民生命健康服务，研究解决医学科学领域的基础性问题。

2022年4月30日，在国家有关部门的指导下，由科学家主导、腾讯出资支持的“新基石研究员项目”正式发布。这是一项聚焦原始创新、鼓励科学家自由探索的公益属性的新型基础研究资助项目。腾讯将在未来10年为该项目投入100亿元，并将探索永续运营模式，长久支持基础研究。“新基石研究员项目”将设置“数学与物质科学”“生物与医学科学”两大领域，旨在长期稳定地支持一批在中国全职工作的科学家自主选择研究方向，鼓励他们潜心研究、勇于挑战，聚焦从“0”到“1”的原始创新。

执笔人：吴明阳　米飙　邓翔　李冰如

第十章

高质量发展的启示与建议

高质量发展是一项牵一发而动全身的系统工程，近年来地方和企业发展实践为进一步推进高质量发展带来了深刻启示。面向未来，地方和企业都需要立足高质量发展实际，坚持系统观念，深化供给侧结构性改革，并将新发展理念一以贯之地贯彻到发展的全过程和各领域，切实提升发展的质量、效率和动力，实现质量变革、效率变革、动力变革。

一、高质量发展的主要启示

（一）将落实好国家战略作为高质量发展的基本遵循

推进高质量发展，要善于主动研判、把握国家重大发展战略并转化为发展机遇。地方和企业要在全球化和双循环背景下，善于顾全大局、脚踏实地，又要敢于仰望星空、赶超争先，敢于跳出问题看问题，立足国家战略，放眼长远发展，坚决服从大局，主动抓住重大发展机遇，更好推进高质量发展。要重点融入国家和区域发展战略，走开放融合之路，充分利用两个市场、两种资源，善于把外力和资源转化为内生动力。以永定河公司为例，永定河公司紧紧围绕生态文明建设的国家战略，聚焦流域综合治理的重点难点问题，以制度创新、模式创新为突破口，探索开展流域整体治理新模式，取得了众多制度改革成果，也为其他流域治理提供了很好的借鉴。

（二）在顺应时代潮流中实现高质量发展

当前，新一轮科技革命和产业变革正在向纵深演进，数字化为产业升级和地方高质量发展带来了新的发展动能，地方和企业高质量发展的机遇和挑战并存。主动顺应时代发展潮流，推动经济数字化、高端化、智能化、绿色化转型，塑造发展新优势或核心竞争力，是地方和企业实现高质量发展的题中应有之义。例如，腾讯公司作为互联网行业的龙头企业，发展得益于信息时代潮流与时俱进，也始终在信息化浪潮中优化调整发展战略，经历了由单一社交平台向一站式生活平台转变、PC互联网到移动互联网转型等战略变革以及拥抱产业互联网的第二增长曲线，成功抓住历次发展机遇，成为世界领先的互联网科技公司。

（三）以改革创新增添高质量发展的动力

推进高质量发展，要以改革创新赋能实体经济、以产业做强筑牢创新基石。高质量发展必须坚持发展是第一要务，必须把着力点放在实体经济上。通过深化改革创新，有效激发和释放发展活力，通过科技创新做强做优实体经济，同时以产业做强厚植创新沃土、夯实创新基础，形成实体经济和创新驱动的良性循环。例如，盐湖股份作为一家科技驱动型企业，紧扣深化改革与科技创新两大主题推动高质量发展，一方面，对标世界一流企业，建立健全公司治理机制，遵循市场经济规律和企业发展规律，持续完善市场化经营机制，加快构建中国特色现代企业制度，充分激发国有企业活力；另一方面，始终坚持科技至上、创新至上，建立健全科技创新制度体系，强化科技研发投入力度，积极对接国内外研究机构，组建一批重点实验室，开展产业前沿和关键技术攻关、科研成果中试、产学研协同创新等，形成一系列科研成果，成为支撑盐湖股份实现跨越式发展的重要动力。此外，高质量制度创新能够带来全球高端资源要素的集聚，地方和企业都要立足发展需求深入推进制度创新，增强资源获取效能，激活可持续发展活力。浙江自贸试验区舟山片区多年来坚持聚焦油气全产业链建设，形成了一批首创性、特色化的制度创新成果，如先行先试油品贸易市场化改革、推动油品通关便利化系统集成改革、率先开展油品贸易跨境人民币结算便利化试点、率先推动长三角保税船用燃料油供应一体化等，成为浙江自贸试验区高质量发展的重要动力引擎。南京六合围绕实体经济和产业发展大力推进改革创新，打造具有竞争力和创新力的主导产业，落实“双碳”目标的千亿级新能源产业集群正在形成，以科技研发、创新孵化、成果转化、人才集聚“四位一体”的创新生态体系加速推进，让产业创新成为城市最鲜明的气质、最显著的标识，正在成为地方高质量发展新的重要增长极。

（四）以高质量营商环境助力高质量发展

营商环境是一个地区软实力的重要体现，是企业主体生存发展的土壤，好的营商环境就是生产力、核心竞争力，是推动地方和企业高质量发展的重要条件与支撑。例如，肇庆高新区聚焦群众和企业需求打造政务服务标杆，极大提升政务服务效能，首创“首席服务官”制度，一对一精准解决企业发展难题，强化数字赋能，为企业提供更加高水平、更具精准性的服务。浙江自贸试验区舟山片区对标国际先进，聚焦油气全产业链不断探索改革创新，率先形成了一系列关于油气产业监管和管理的服务新模式，便利化水平居全国自贸试验区前列，努力打造油气全产业链发展和大宗商品全球配置最优营商环境。

（五）立足比较优势推进高质量发展

推进高质量发展，要坚持从自身实际出发锻长板强优势补短板从而实现跨越式追赶。要认清自己的资源禀赋和比较优势，并大力锻造自身的长板，然后以长板带短板、补短板、蓄后势，以软实力和硬基础吸引生产要素和创新要素集聚，从而强化主导产业集聚效应，促进产业转型升级，增强后发地区发展动力。上海自贸试验区临港新片区作为上海改革开放的前沿阵地，拥有上海在技术、人才、资本和先进制造业发展等领域的深厚底蕴和发展积累，洋山特殊综合保税区更是拥有得天独厚的区位优势与丰富多样的政策资源，具有发展前沿高端产业的优良基础。临港新片区的产业发展定位即是以高端产业发展为导向，产业具有不可复制性。高端产业领域具有技术垄断性，其他企业进入的门槛相对较高。基于高端产业发展产业集群，体现了临港新片区在相关领域的竞争优势，也避免了因土地、劳动力等生产要素成本较高而陷入与其他地区同质化竞争的不利局面。南京六合始终秉持“环境就是生产力、环境就是竞争力、环境就是吸引力”的发展理念，主动构筑自身的区位、成本、生态、宜居、治理、服务等优势，专心栽好“梧桐树”（产业支撑和创新生态），自然引得“凤凰”（市场主体和创新要素）来，以精准优质高效、充满温情温馨的营商环境和公共服务源源不断地吸引企业和人才“落地”“安家”，高质量发展成效持续显现。

（六）统筹推进高质量发展和高水平安全

安全是发展的前提，发展是安全的保障。我国巨大的经济体量孕育了相对完备的产业门类和产业体系，但由于一些高端技术和产品仍然被国际控制，我国产业链在诸多领域依然存在“卡脖子”问题。随着当前世界政治经济格局发生重大变化，全球产业链供应链布局面临重构和调整，增强产业安全的重要性日益突出。安全发展是高质量发展的内在要求，例如，上海自贸试验区临港新片区作为我国对外开放的窗口和联系国内外经济的枢纽，经济外向度较高，加强产业安全的要求更为迫切。对此，临港新片区立足自主创新，针对产业链重点环节和产业关键核心技术，对照“卡脖子”问题，坚持科技创新自立自强，推动多领域全产业链国产化，实现了经济高质量发展的“临港突破”。同时，通过高端产业的发展，临港新片区优化我国在世界产业体系中的位置，在开放合作中形成具有更强创新力和更具安全韧性的产业链。

（七）坚定不移推进生态文明建设和城乡融合发展

推进高质量发展，要坚定不移推进生态文明建设和城乡融合发展。要时刻牢记“绿水青山就是金山银山”的理念，绿色发展可以创造生产力，生态环境质量和城乡人居品质又可以转化为生产力，一举双赢。没有良好的生态环境和人居环境，很难吸引和留住人才；没有人才的支撑，地方也将失去创新发展的动力。在绿色发展方面，南京六合依靠得天独厚的自然生态资源，既重视环境保护、污染防治和城乡治理，又强化后发优势，吸引市场主体和创新要素集聚，着力保障改善民生，在打造绿色产业和南京的都市北田园中真正实现“绿水青山就是金山银山”，真正把生态优势转化为高质量发展。永定河公司在流域创新治理中，始终坚持以生态文明建设思想为根本遵循，围绕水治理和利用，开展综合治理、系统治理、源头治理，尊重自然、顺应自然、保护自然，在实现人与自然和谐共生的过程中，为流域经过地区的经济社会发展提供了水资源的支持，为两岸居民健康幸福生活创造良好的条件。同样，中国三峡集团聚焦可再生能源高质量发展，推进在水能、风能、太阳能等多个领域布局，着力提升清洁低碳安全高效能源保障能力，充分发挥在共抓长江大保护中的骨干主力作用，为长江经济带沿线城市提供减污降碳扩绿协同增效一揽子解决方案，促进形成城市水环境治理可持续发展模式，逐步形成清洁能源和长江大保护“两翼齐飞”发展格局，成为建设人与自然和谐共生美丽中国的重要力量。

二、高质量发展的相关建议

（一）协调推进供需两侧发力，释放高质量发展新活力

1. 坚持深化改革，打造体制机制新优势

各地在推动高质量发展阶段仍要坚持深化改革，激发动力活力，系统谋划改革举措，打造地区体制机制新优势。着力深化“放管服”改革，进一步优化营商环境，给予市场主体更多自主权。深化劳动力、资本等传统要素市场化改革，进一步打破制约要素自由流动的体

制机制障碍，减轻市场主体在要素获取、经营运营等方面的负担。聚焦劳动力要素在落户、住房等方面面临的障碍，进一步深化户籍制度、住房制度等改革，加快畅通劳动力及人才流动渠道。围绕资本服务实体经济发展要求，建立健全资本要素市场化配置体制机制，促进多层次资本市场健康发展，增强金融对实体经济的适配性。开放程度高的自贸港、自贸试验区等要充分利用本外币一体化账户体系、跨境人民币结算便利等优势条件，更好地满足实体经济对跨境金融服务的新需求。鼓励优质企业挂牌上市，丰富股债结合类融资方式，更好服务企业发展。根据产业、科技及市场发展趋势，大力培育技术、信息、数据等新型要素，加强制度规则等建设，拓展新型要素市场发展空间。开放前沿地区以及数字经济发展程度较高的地区，可顺应数字化转型趋势，率先从公共数据开放共享、跨境数据流动、数据安全保护、新型基础设施建设等方面完善相关制度规则，搭建公共服务平台，更好发挥数据要素作用，激发数据要素价值潜力。

2. 深化国资国企改革，增强国有经济动力与活力

持续深化国资国企改革，加快国有经济布局优化和结构调整，建议国资国企聚焦城市建设运营、公共服务保障、重大国计民生等领域，加快推动资源整合，提高国有企业配置效率，推动国有资本和国有企业做强做优做大。建立完善中国特色现代企业制度，健全制度化治理机制，完善市场化用人机制、多样化激励机制等，强化人才队伍建设，充分调动人才积极性。以高质量党建引领保障高质量发展，夯实国资国企党建工作，坚持党的领导，加强党的建设。对标世界先进一流企业，大力提升企业核心竞争力，加快建设世界一流企业。

（二）坚持以实体经济为根基，加快构建现代化产业体系

1. 推动制造业转型升级

制造业根基雄厚的城市在推动高质量发展的过程中，需要充分发挥良好制造业基础优势，立足实体经济这一根基，构建与自身定位相匹配相适应的现代化产业体系，促进实体经济提质增效，夯实产业升级的基础。各地要聚焦主导产业，加快打造一流产业集群，有条件的地区要以集群化、高端化、绿色化、智能化发展方向集聚龙头企业和“链主”企业。龙头企业要借助互联网、大数据、人工智能等持续赋能，突破重点领域核心技术，推进产业化规模化应用，增强企业竞争优势。传统制造业大省要加大传统制造业技术改造投入力度，探索建立符合本地实际的传统制造业协同创新体系，增加基础共性技术供给，推动产业链上大中小企业联动创新，推动传统制造业整体实现改造升级。鼓励制造业企业创新发展模式，推广大规模个性化定制、柔性化生产、网络协同制造、远程运维服务、众创众包等虚拟生产、云制造新模式等。

2. 壮大战略性新兴产业

建议各地立足产业战略环境，紧抓产业结构调整的窗口期，密切关注国内外产业发展新情况新特征，瞄准新一代信息技术、高端装备、新能源汽车、绿色环保、新材料、生物医药等重点领域，培育或壮大本地战略性新兴产业。鼓励战略性新兴产业领域的龙头企业做大做强做优，鼓励“专精特新”中小企业在战略性新兴产业领域精耕细作。部分较为发达的地区，紧跟国家未来产业发展趋势，围绕合成生物、基因技术、

航空航天技术、脑科学与类脑智能、深地深海、量子信息等前沿科技和产业变革领域，重点布局在全球范围内具有优势地位和话语权的产业和细分行业，加强前沿科技创新及颠覆性技术供给，拓展未来产业应用场景，加速打造未来产业。

3. 推动服务业开放创新

数字化赋能与开放创新是服务业高质量发展的重要方向。传统服务业发达的地区可充分借助新一轮科技革命，推进商贸、物流及仓储等传统服务业与大型网络平台的深度对接，提升传统服务业信息化水平。各地都要探索推动数字经济发展，有条件的地区要培育壮大高附加值的互联网产业，加快科技、金融、信息软件等现代服务业与新一代信息技术的深度融合，积极利用腾讯等互联网公司的数字技术，培育服务产业新业态新模式等，推动服务业创新升级。自贸试验区、自贸港及其他发展基础好、制度创新空间大的地区，要持续优化投资环境，加强外资股比限制、数据跨境流动、接轨国际认证标准等领域的关键性制度创新，推动服务业在更大领域和范围内开放创新，激发服务业发展活力。鼓励企业尤其是国资国企充分发挥在物流业中的战略作用，凝聚共识形成合力，减少服务贸易摩擦。

（三）统筹好安全与发展，夯实高质量发展的基本保障

1. 增强产业链供应链安全韧性

建议开放前沿地区充分发挥内外资企业合力，依托国内国外两个市场，深化国际区域合作，积极参与全球产业链供应链体系建设，构建

互利共赢的产业链供应链合作机制，促进产业链关键环节、关键产品及服务的国内外供应多元化，推动与国外主体构建利益共同体，积极推动利益融合，形成“你中有我，我中有你”的利益交织格局，共同维护产业链安全稳定；建议中西部地区着力提升区域产业基础能力和产业链水平，在一定区域内打造空间高度聚集、上中下游高度协同的产业链条和产业集群，促进产业链、供应链、资金链、政策链深度融合，同时加强产业链供应链核心环节、重要环节、关键技术等监测预警，更好应对外部风险冲击，增强本土产业体系抵御风险的能力，维护当地产业链供应链安全。鼓励企业推动国际化发展，充分利用国内国外两个市场、两种资源创新发展，扩大产品出口，深化国际合作，在更高水平开放中实现自身更好更安全的发展。

2. 聚焦农业、能源、金融等领域统筹安全与发展

农业大省可重点强化科技对农业的赋能，推动科技力量与农业生产深度融合，有条件的地区要加快优良种源、高性能农机等关键核心技术攻关，破除农业资源环境约束，增强农业科技成果转化能力，发展特色农业，扎扎实实保障粮食安全；各地都应顺应全球能源革命大势，同时立足地方能源资源实际，统筹好绿色清洁能源与传统高碳能源之间的互补与优化组合，保障地方经济社会发展所需的资源能源持续可靠有效供给；各地政府尤其是开放程度较高的地区政府，应深入贯彻落实国家“宏观审慎 + 微观监管”管理框架，健全金融风险防范及处置机制，防范跨境资本流动风险，筑牢系统性金融风险防线。

（四）强化全方位创新驱动，激发高质量发展的新动力

1. 推动理念创新先行

各地区各企业都要树立自主创新、自立自强的科技创新理念，牢牢掌握创新主动权，将科技成果融入现代经济社会发展全方位、全过程，逐步形成科技成果向现实生产力转化的思维，加快科技成果转化应用步伐；积极主动强化开放创新理念，主动深化国际科技交流合作，积极利用国际创新要素资源，推动地方自主创新能力迈向更高水平；鼓励企业树立新型竞合理念，增强制定规则的能力，提升市场布局的战略性思维，增强发展主动性。

2. 重点推动科技创新

各地都应加快科技创新体制机制创新，以地方经济发展与科技创新需求为导向，建立健全企业创新体系、联合创新体系、地方创新体系、跨区域创新体系，打造政策完备、多元投入、通力合作、创新活跃的新型区域创新生态。经济与科技发达的地区，要重点围绕产业链重点环节和产业关键核心技术，构建多元化、国际化的科技创新政策体系、科创和产业政策网络，打造国际一流的科技创新平台，提升国际创新策源能力。要鼓励头部企业牵头构建联合创新体，政府做好创新联合体布局建设的顶层设计，制定创新联合体发展路线图与阶段性目标，明确各阶段支持性政策。兼具科创与经济实力的发达地区，建议要科学研判优势领域未来科技发展和应用趋势，部署基础研究和原始创新重点与方向，持续加大基础科学研究投入，引导创新资源向基础研究和原始创新领域倾斜。中西部地区应重点鼓励企业与高校、科研机构加强合作，共建产学

研合作平台，提升科技创新成果产业化应用水平。鼓励企业加大科技创新投入，充分发挥领军企业创新带动中小企业的作用，促进大企业与中小企业协同创新、互促发展。鼓励腾讯等大型互联网企业，聚焦基础软硬件等更加底层的关键核心技术、人工智能及机器人等前沿科学领域，搭建科技创新平台，集聚科技创新要素资源，助力国家科技自主建设。

（五）加快推进全面绿色转型，擦亮高质量发展的底色

1. 大力推动生产方式绿色化

建议地方加快构建科技含量高、资源消耗低、环境污染少的产业结构，推动传统工业、农业以及服务业绿色低碳转型发展，同时加快发展绿色产业，创新绿色服务模式，打造经济社会发展新的增长点；建议有条件的地区通过设立重大技术专项、进一步提升政策和资金支持力度等方式，逐渐形成研发引领、成果转化、应用带动的绿色技术创新体系，推动以科技创新带动生产方式绿色化；建议地方政府完善资源利用以及环境保护法律体系，并以提高地方环境质量为核心，实施最严格的资源节约与环境保护制度。从企业来看，建议企业加强与国内外知名的科研单位开展合作，强化顶层设计，科学指导企业绿色发展；建议企业加强科技创新投入力度，深化政产学研合作，加快推动技术改造与升级，助力实现绿色转型发展。

2. 大力推动生活方式绿色化

坚决贯彻绿色发展理念，充分发挥主导作用，深入企业和社区开展

宣传教育，通过创新宣传方式、加大宣传力度、丰富宣传内容等方式，引导企业职工和居民形成自然、环保、健康、节俭的绿色生活方式。同时，大力普及绿色低碳法律法规与科学知识，创造良好的生态文化与道德环境。

（六）持续推进高水平对外开放，提升高质量发展水平

1. 加快构建开放型经济新体制

对于开放前沿地区，建议全面对标国际高标准市场规则体系，积极对接国际经贸新规则和新方向，构建符合本地实际的高水平对外开放规则与标准，积极推进贸易投资自由化便利化，为高水平对外开放提供更高水平的制度保障；建议围绕新技术、新产业，积极推动相关领域的规则设计，构建新兴领域规则体系，如在数字贸易领域，探索建立数据跨境流动安全评估、数据保护能力认证以及跨境数据交易规则等，提升在数字贸易规则领域的制度话语权。对于中西部内陆地区，建议有基础的地区立足自身区位及开放优势，依托中国—东盟自贸区等跨境经济合作区，加强与东盟国家的政策融通与贸易规则衔接，加强产业协作，构建跨境生产与营销网络，打造合作发展、互利共赢之路。

2. 建设高标准市场体系

建议地方在产权保护、市场准入、公平竞争以及社会信用等领域，探索实施更具创新性的制度规则，持续放宽市场准入条件，大力推进市场公平竞争，建立健全现代产权制度，为市场主体提供更加公平高效的制度环境。立足发展实际，深入推进“放管服”和营商环境改革，探

索实施一批突破性、引领性、代表性改革措施，全面降低制度性交易成本，加快打造市场化、法治化、国际化营商环境。

3. 构建具有全球竞争力的现代化产业体系

建议有条件的地方出台相关政策，鼓励龙头企业示范带动，着力培育创新型领军企业、“独角兽”、“瞪羚”和“隐形冠军”，形成以创新驱动、效益优先、技术密集型产业为特征的产业生态，积极参与全球产业链创新链重构，进一步提升产业基础高级化、产业链现代化水平；加快建设以技术密集型产业为引领的产业结构，大力促进当地企业深度融入全球供应链体系并向上游攀升，推动建设自主可控、具有较强竞争力的现代化产业体系。从企业来看，积极引进科技人才，搭建科技研发平台，提升企业自主创新水平，着力打造创新型领军企业、“独角兽”、“瞪羚”和“隐形冠军”，不断向产业链上游攀升。

4. 加快促进高水平经贸合作

主动融入和服务“一带一路”，加强与“一带一路”沿线国家和地区规则对接、项目对接、政策对接，建立健全合作机制，推动与沿线国家和地区贸易投资合作优化升级；根据不同国别、不同项目存在的风险，针对性地完善“一带一路”风险防控和安全保障体系，维护地方发展安全与发展利益。从企业来看，建议积极参与“一带一路”沿线国家和地区基础设施建设与国际产能合作重大项目，提升企业的知名度与影响力；建议有条件的企业加强国际细分市场研究，继续深化与全球发达地区的合作，进一步拓展与亚洲、拉丁美洲、非洲等新兴市场的经贸往来，推动国际市场优化布局。

（七）推动共享发展，实现高质量发展成果全民共享

1. 提高居民收入水平

建议地方建立健全居民增收长效机制，多措并举提升居民收入水平，增加城乡居民财产性收入，实现居民收入增长和经济增长基本同步；积极扩大就业，加快发展就业容量大的中小企业，鼓励多渠道灵活就业，提升群众收入水平；健全以税收、社会保障、转移支付等为主要手段的再分配调节机制，推动居民收入差距继续缩小。从企业来看，建议持续深化薪酬制度改革，完善薪酬激励机制，促进收入分配更合理、更有效；持续大规模开展职业技能培训，提高技能型人才收入。

2. 统筹推进城乡区域协同发展，增强发展协调性

建议地方深入推进以人为核心的新型城镇化建设，稳妥有序推进户籍制度改革，持续促进农业转移人口市民化，推动城镇化成果共享；促进城乡要素自由流动、平等交换和公共资源合理配置，激发乡村发展活力，为乡村振兴提供动力源泉。同时，全面推动脱贫攻坚与乡村振兴有效衔接，推动乡村全面振兴。

3. 统筹推进城乡融合发展，提升发展平衡性

建议地方推进城乡市政基础设施统一规划、建设及管护，推进供水供气供热管网等向城郊乡村和规模较大中心镇延伸，推进人口规模较大的自然村（组）通硬化路，并与城镇交通网络进行衔接；积极拓展城乡消费市场，建设专业化、特色化的消费中心城市，打造以县域为载体的城乡融合消费网络节点，扩大农村地区的电子商务覆盖范围；加强消费

物流基础设施建设，合理布局物流配送节点，优化城乡物流配送网络，打通农村物流“最后一公里”；加强城乡之间基本公共服务的政策协同与制度衔接，推动构建城乡一体化公共服务体系，持续推动教育文化、医疗卫生、社会保障等领域的一体化建设，增加农村教育、医疗、养老、文化等服务供给，推动实现基本公共服务普惠共享。

执笔人：麻鑫鑫　赵蕊

附录　高质量发展的相关政策文件

中共中央 国务院
关于支持浙江高质量发展建设共同富裕示范区的意见

（2021 年 5 月 20 日）

共同富裕是社会主义的本质要求，是人民群众的共同期盼。改革开放以来，通过允许一部分人、一部分地区先富起来，先富带后富，极大解放和发展了社会生产力，人民生活水平不断提高。党的十八大以来，以习近平同志为核心的党中央不忘初心、牢记使命，团结带领全党全国各族人民，始终朝着实现共同富裕的目标不懈努力，全面建成小康社会取得伟大历史性成就，特别是决战脱贫攻坚取得全面胜利，困扰中华民族几千年的绝对贫困问题得到历史性解决，为新发展阶段推动共同富裕奠定了坚实基础。

党的十九届五中全会对扎实推动共同富裕作出重大战略部署。实现共同富裕不仅是经济问题，而且是关系党的执政基础的重大政治问题。共同富裕具有鲜明的时代特征和中国特色，是全体人民通过辛勤劳动和相互帮助，普遍达到生活富裕富足、精神自信自强、环境宜居宜业、社会和谐和睦、公共服务普及普惠，实现人的全面发展和社会全面进步，共享改革发展成果和幸福美好生活。随着我国开启全面建设社会主义现代化国家新征程，必须把促进全体人民共同富裕摆在更加重要的位置，向着这个目标更加积极有为地进行努力，让人民群众真真切切感受到共同富裕看得见、摸得着、真实可感。

当前，我国发展不平衡不充分问题仍然突出，城乡区域发展和收入分配差距较大，各地区推动共同富裕的基础和条件不尽相同。促进全体人民共同富裕是一项长期艰巨的任务，需要选取部分地区先行先试、作出示范。浙江省在探索解决发展不平衡不充分问题方面取得了明显成效，具备开展共同富裕示范区建设的基础和优势，也存在一些短板弱项，具有广阔的优化空间和发展潜力。支持浙江高质量发展建设共同富裕示范区，有利于通过实践进一步丰富共同富裕的思想内涵，有利于探索破解新时代社会主要矛盾的有效途径，有利于为全国推动共同富裕提供省域范例，有利于打造新时代全面展示中国特色社会主义制度优越性的重要窗口。现就支持浙江高质量发展建设共同富裕示范区提出如下意见。

一、总体要求

（一）指导思想。以习近平新时代中国特色社会主义思想为指导，深入贯彻党的十九大和十九届二中、三中、四中、五中全会精神，全面贯彻落实习近平总书记关于浙江工作的重要指示批示精神，坚持稳中求进工作总基调，坚持以人民为中心的发展思想，立足新发展阶段、贯彻新发展理念、构建新发展格局，紧扣推动共同富裕和促进人的全面发展，坚持以满足人民日益增长的美好生活需要为根本目的，以改革创新为根本动力，以解决地区差距、城乡差距、收入差距问题为主攻方向，更加注重向农村、基层、相对欠发达地区倾斜，向困难群众倾斜，支持浙江创造性贯彻“八八战略”，在高质量发展中扎实推动共同富裕，着力在完善收入分配制度、统筹城乡区域发展、发展社会主义先进文化、促进人与自然和谐共生、创新社会治理等方面先行示范，构建推动共同富裕的体制机制，着力激发人民群众积极性、主动性、创造性，促进社会公平，增进民生福祉，不断增强人民群众的获得感、幸福感、安全感和认同感，为实现共同富裕提供浙江示范。

（二）工作原则。

——坚持党的全面领导。坚定维护党中央权威和集中统一领导，充分发挥党总揽全局、协调各方的领导核心作用，坚持和完善中国特色社会主义制度，把党的政治优势和制度优势转化为推动共同富裕示范区建设、广泛凝聚各方共识的强大动力和坚强保障。

——坚持以人民为中心。坚持发展为了人民、发展依靠人民、发展成果由人民共享，始终把人民对美好生活的向往作为推动共同富裕的奋斗目标，瞄准人民群众所忧所急所盼，在更高水平上实现幼有所育、学有所教、劳有所得、病有所医、老有所养、住有所居、弱有所扶。

——坚持共建共享。弘扬勤劳致富精神，鼓励劳动者通过诚实劳动、辛勤劳动、创新创业实现增收致富，不断提高劳动生产率和全要素生产率。充分发挥市场在资源配置中的决定性作用，更好发挥政府作用，体现效率、促进公平，坚决防止两极分化，在发展中补齐民生短板，让发展成果更多更公平惠及人民群众。

——坚持改革创新。坚定不移推进改革，推动有利于共同富裕的体制机制不断取得新突破，着力破除制约高质量发展高品质生活的体制机制障碍，强化有利于调动全社会积极性的重大改革开放举措。坚持创新在现代化建设全局中的核心地位，深入实施创新驱动发展战略，率先在推动共同富裕方面实现理论创新、实践创新、制度创新、文化创新。

——坚持系统观念。立足当前、着眼长远，统筹考虑需要和可能，按照经济社会发展规律循序渐进，脚踏实地、久久为功，不吊高胃口、不搞“过头事”，尽力而为、量力而行，注重防范化解重大风险，使示范区建设与经济发展阶段相适应、与现代化建设进程相协调，不断形成推动共同富裕的阶段性标志性成果。

（三）战略定位。

——高质量发展高品质生活先行区。率先探索实现高质量发展的有效路径，促进城乡居民收入增长与经济增长更加协调，构建产业升级与消费升级协调共进、经济结构与社会结构优化互促的良性循环，更好满足人民群众品质化多样化的生活需求，富民惠民安民走在全国前列。

——城乡区域协调发展引领区。坚持城乡融合、陆海统筹、山海互济，形成主体功能明显、优势互补、高质量发展的国土空间开发保护新格局，健全城乡一体、区域协调发展体制机制，加快基本公共服务均等化，率先探索实现城乡区域协调发展的路径。

——收入分配制度改革试验区。坚持按劳分配为主体、多种分配方式并存，着重保护劳动所得，完善要素参与分配政策制度，在不断提高城乡居民收入水平的同时，缩小收入分配差距，率先在优化收入分配格局上取得积极进展。

——文明和谐美丽家园展示区。加强精神文明建设，推动生态文明建设先行示范，打造以社会主义核心价值观为引领、传承中华优秀文化、体现时代精神、具有江南特色的文化强省，实现国民素质和社会文明程度明显提高、团结互助友爱蔚然成风、经济社会发展全面绿色转型，成为人民精神生活丰富、社会文明进步、人与自然和谐共生的幸福美好家园。

（四）发展目标。

到2025年，浙江省推动高质量发展建设共同富裕示范区取得明显实质性进展。经济发展质量效益明显提高，人均地区生产总值达到中等发达经济体水平，基本公共服务实现均等化；城乡区域发展差距、城乡居民收入和生活水平差距持续缩小，低收入群体增收能力和社会福利水平明显提升，以中等收入群体为主体的橄榄型社会结构基本形成，全省居民生活品质迈上新台阶；国民素质和社会文明程度达到新高度，美丽浙江建设取得新成效，治理能力明显提升，人民生活更加美好；推动共同富裕的体制机制和政策框架基本建立，形成一批可复制可推广的成功经验。

到2035年，浙江省高质量发展取得更大成就，基本实现共同富裕。人均地区生产总值和城乡居民收入争取达到发达经济体水平，城乡区域协调发展程度更高，收入和财富分配格局更加优化，法治浙江、平安浙江建设达到更高水平，治理体系和治理能力现代化水平明显提高，物质文明、政治文明、精神文明、社会文明、生态文明全面提升，共同富裕的制度体系更加完善。

二、提高发展质量效益，夯实共同富裕的物质基础

（五）大力提升自主创新能力。以创新型省份建设为抓手，把科技自立自强作为战略支撑，加快探索社会主义市场经济条件下新型举国体制开展科技创新的浙江路径。实施好关键核心技术攻关工程，强化国家战略科技力量，为率先实现共同富裕提供强劲内生动力。支持布局重大科技基础设施和平台，建设创新策源地，打造“互联网+”、生命健康、新材料科创高地。高水平建设杭州、宁波温州国家自主

创新示范区，深化国家数字经济创新发展试验区建设，强化“云上浙江”和数字强省基础支撑，探索消除数字鸿沟的有效路径，保障不同群体更好共享数字红利。畅通创新要素向企业集聚通道，鼓励企业组建创新联合体和知识产权联盟，建设共性技术平台。加大对科技成果应用和产业化的政策支持力度，打造辐射全国、链接全球的技术交易平台。

（六）塑造产业竞争新优势。巩固壮大实体经济根基，夯实共同富裕的产业基础。加快推进产业转型升级，大力推动企业设备更新和技术改造，推动传统产业高端化、智能化、绿色化发展，做优做强战略性新兴产业和未来产业，培育若干世界级先进制造业集群，打响“浙江制造”品牌。促进中小微企业专精特新发展，提升创新能力和专业化水平。推动农村一二三产业融合发展，建设农业现代化示范区，做精农业特色优势产业和都市农业，发展智慧农业。加快服务业数字化、标准化、品牌化发展，推动现代服务业同先进制造业、现代农业深度融合。畅通金融服务实体经济渠道。

（七）提升经济循环效率。落实构建新发展格局要求，贯通生产、分配、流通、消费各环节，在率先实现共同富裕进程中畅通经济良性循环。深化供给侧结构性改革，扩大优质产品和服务消费供给，加快线上线下消费双向深度融合。支持适销对路的优质外贸产品拓宽内销渠道。加快构建现代流通体系，推动海港、陆港、空港、信息港“四港”联动。统筹推进浙江自由贸易试验区各片区联动发展，开展首创性和差别化改革探索。畅通城乡区域经济循环，破除制约城乡区域要素平等交换、双向流动的体制机制障碍，促进城乡一体化、区域协调发展。支持浙江发挥好各地区比较优势，加强大湾区大花园大通道大都市区建设。更加主动对接上海、江苏、安徽，更好融入长三角一体化发展。加快建设“一带一路”重要枢纽，大力发展数字贸易、服务贸易，发展更高水平开放型经济。

（八）激发各类市场主体活力。推动有效市场和有为政府更好结合，培育更加活跃更有创造力的市场主体，壮大共同富裕根基。高水平推动浙江杭州区域性国资国企综合改革试验，完善国有资产监管体制，规范有序开展混合所有制改革，做强做优做大国有资本和国有企业，充分发挥国有经济战略支撑作用。完善产权保护制度，构建亲清政商关系，促进非公有制经济健康发展和非公有制经济人士健康成长，破除制约民营企业发展的各种壁垒，完善促进中小微企业和个体工商户发展的法律环境和政策体系，建立企业减负长效机制。加快建设高标准市场体系，持续优化市场化法治化国际化营商环境，实施统一的市场准入负面清单制度。坚持发展和规范并重，建立健全平台经济治理体系，督促平台企业承担质量和安全保障等责任，推动平台经济为高质量发展和高品质生活服务。加大反垄断和反不正当竞争执法司法力度，提升监管能力和水平，实现事前事中事后全链条监管，防止资本无序扩张。

三、深化收入分配制度改革，多渠道增加城乡居民收入

（九）推动实现更加充分更高质量就业。强化就业优先政策，坚持经济发展就业导向，扩大就业容量，提升就业质量，促进充分就业。支持和规范发展新就业形态，完善促进创业带动就业、多渠道灵活就业的保障制度。统筹各类职业技能培训资金，合理安排就业补助资金，健全统筹城乡的就业公共服务体系。鼓励返乡入乡创业。完善重点群体就业支持体系，帮扶困难人员就业。创造公平就业环境，率先消除户籍、地

域、身份、性别等影响就业的制度障碍，深化构建和谐劳动关系，推动劳动者通过辛勤劳动提高生活品质。

（十）不断提高人民收入水平。优化政府、企业、居民之间分配格局，支持企业通过提质增效拓展从业人员增收空间，合理提高劳动报酬及其在初次分配中的比重。健全工资合理增长机制，完善企业薪酬调查和信息发布制度，合理调整最低工资标准，落实带薪休假制度。完善创新要素参与分配机制，支持浙江加快探索知识、技术、管理、数据等要素价值的实现形式。拓宽城乡居民财产性收入渠道，探索通过土地、资本等要素使用权、收益权增加中低收入群体要素收入。丰富居民可投资金融产品，完善上市公司分红制度。鼓励企业开展员工持股计划。深入推进农村集体产权制度改革，巩固提升农村集体经济，探索股权流转、抵押和跨社参股等农村集体资产股份权能实现新形式。立足当地特色资源推动乡村产业发展壮大，完善利益联结机制，让农民更多分享产业增值收益。支持浙江率先建立集体经营性建设用地入市增值收益分配机制。

（十一）扩大中等收入群体。实施扩大中等收入群体行动计划，激发技能人才、科研人员、小微创业者、高素质农民等重点群体活力。加大人力资本投入力度，健全面向劳动者的终身职业技能培训制度，实施新时代浙江工匠培育工程，加快构建产教训融合、政企社协同、育选用贯通的技术技能人才培养培训体系，完善技能人才薪酬分配政策，拓宽技术工人上升通道。对有劳动能力的低收入群体，坚持开发式帮扶，提高内生发展能力，着力发展产业使其积极参与就业。拓展基层发展空间，保障不同群体发展机会公平，推动更多低收入群体迈入中等收入群体行列。规范招考选拔聘用制度，完善评价激励机制。完善党政机关、企事业单位和社会各方面人才顺畅流动的制度体系。实行更加开放的人才政策，激发人才创新活力。

（十二）完善再分配制度。支持浙江在调节收入分配上主动作为，加大省对市县转移支付等调节力度和精准性，合理调节过高收入。依法严厉惩治贪污腐败，继续遏制以权力、行政垄断等非市场因素获取收入，取缔非法收入。优化财政支出结构，加大保障和改善民生力度，建立健全改善城乡低收入群体等困难人员生活的政策体系和长效机制。

（十三）建立健全回报社会的激励机制。鼓励引导高收入群体和企业家向上向善、关爱社会，增强社会责任意识，积极参与和兴办社会公益事业。充分发挥第三次分配作用，发展慈善事业，完善有利于慈善组织持续健康发展的体制机制，畅通社会各方面参与慈善和社会救助的渠道。探索各类新型捐赠方式，鼓励设立慈善信托。加强对慈善组织和活动的监督管理，提高公信力和透明度。落实公益性捐赠税收优惠政策，完善慈善褒奖制度。

四、缩小城乡区域发展差距，实现公共服务优质共享

（十四）率先实现基本公共服务均等化。推进城乡区域基本公共服务更加普惠均等可及，稳步提高保障标准和服务水平。推动义务教育优质均衡发展，建成覆盖城乡的学前教育公共服务体系，探索建立覆盖全省中小学的新时代城乡教育共同体，共享“互联网＋教育”优质内容，探索终身学习型社会的浙江示范，提高人口平均受教育年限和综合能力素质。深入实施健康浙江行动，加快建设强大的公共卫生体系，深化县域医共体和城市医联体建设，推动优质医疗资源均衡布局。积极应对人口老龄化，提高优生优育服务水平，大力发展普惠托

育服务体系，加快建设居家社区机构相协调、医养康养相结合的养老服务体系，发展普惠型养老服务和互助性养老。健全全民健身公共服务体系。

（十五）率先实现城乡一体化发展。高质量创建乡村振兴示范省，推动新型城镇化与乡村振兴全面对接，深入探索破解城乡二元结构、缩小城乡差距、健全城乡融合发展的体制机制。推动实现城乡交通、供水、电网、通信、燃气等基础设施同规同网。推进以人为核心的新型城镇化，健全农业转移人口市民化长效机制，探索建立人地钱挂钩、以人定地、钱随人走制度，切实保障农民工随迁子女平等接受义务教育，逐步实现随迁子女入学待遇同城化。促进大中小城市与小城镇协调发展。推进以县城为重要载体的城镇化建设，推进空间布局、产业发展、基础设施等县域统筹，赋予县级更多资源整合使用的自主权。以深化“千村示范、万村整治”工程牵引新时代乡村建设。

（十六）持续改善城乡居民居住条件。坚持房子是用来住的、不是用来炒的定位，完善住房市场体系和住房保障体系，确保实现人民群众住有所居。针对新市民、低收入困难群众等重点群体，有效增加保障性住房供给。对房价比较高、流动人口多的城市，土地供应向租赁住房建设倾斜，探索利用集体建设用地和企事业单位自有闲置土地建设租赁住房，扩大保障性租赁住房供给，加快完善长租房政策，使租购住房在享受公共服务上具有同等权利。全面推进城镇老旧小区改造和社区建设，提升农房建设质量，加强农村危房改造，探索建立农村低收入人口基本住房安全保障机制，塑造江南韵、古镇味、现代风的新江南水乡风貌，提升城乡宜居水平。

（十七）织密扎牢社会保障网。完善社会保障制度，加快实现法定人员全覆盖，建立统一的社保公共服务平台，实现社保事项便捷“一网通办”。健全多层次、多支柱养老保险体系，大力发展企业年金、职业年金、个人储蓄型养老保险和商业养老保险。规范执行全国统一的社保费率标准。推动基本医疗保险、失业保险、工伤保险省级统筹。健全重大疾病医疗保险制度。做好长期护理保险制度试点工作，积极发展商业医疗保险。健全灵活就业人员社保制度。健全统一的城乡低收入群体精准识别机制，完善分层分类、城乡统筹的社会救助体系，加强城乡居民社会保险与社会救助制度的衔接，按困难类型分类分档及时给予专项救助、临时救助，切实兜住因病、因灾致贫等困难群众基本生活底线。保障妇女儿童合法权益，完善帮扶残疾人、孤儿等社会福利制度。

（十八）完善先富带后富的帮扶机制。加快推进省以下财政事权和支出责任划分改革，加大向重点生态功能区的转移支付力度。强化陆海统筹，升级山海协作工程，挖掘海域和山区两翼的潜力优势，支持一批重点生态功能区县增强内生发展能力和实力，带动山区群众增收致富。全域参与海洋经济发展，建设海洋强省。探索建立先富帮后富、推动共同富裕的目标体系、工作体系、政策体系、评估体系。深入实施东西部协作和对口支援，持续推进智力支援、产业支援、民生改善、文化教育支援，加强对省外欠发达地区帮扶，大力推进产业合作、消费帮扶和劳务协作，探索共建园区、飞地经济等利益共享模式。完善社会力量参与帮扶的长效机制。

五、打造新时代文化高地，丰富人民精神文化生活

（十九）提高社会文明程度。推动学习贯彻习近平新时代中国特色社会主义思想走深走心走实，实现理想信念教育常态化制度化。坚持

以社会主义核心价值观为引领，加强爱国主义、集体主义、社会主义教育，厚植勤劳致富、共同富裕的文化氛围。推进公民道德建设，支持培育“最美浙江人”等品牌。扎实推进新时代文明实践中心建设，深入实施文明创建工程，打造精神文明高地。完善覆盖全省的现代公共文化服务体系，提高城乡基本公共文化服务均等化水平，深入创新实施文化惠民工程，优化基层公共文化服务网络。弘扬诚信文化，推进诚信建设，营造人与人之间互帮互助、和睦友好的社会风尚。加强家庭家教家风建设，健全志愿服务体系，广泛开展志愿服务关爱行动。

（二十）传承弘扬中华优秀传统文化、革命文化、社会主义先进文化。传承弘扬中华优秀传统文化，充分挖掘浙江文化优势，深入推进大运河国家文化公园、大运河文化带建设，振兴非遗记忆。传承红色基因，大力弘扬革命文化，提升爱国主义教育基地建设水平。实施重大文化设施建设工程，打造具有国际影响力的影视文化创新中心和数字文化产业集群，提供更多优秀文艺作品、优秀文化产品和优质旅游产品，更好满足人民群众文化需求。

六、践行绿水青山就是金山银山理念，打造美丽宜居的生活环境

（二十一）高水平建设美丽浙江。支持浙江开展国家生态文明试验区建设，绘好新时代“富春山居图”。强化国土空间规划和用途管控，优化省域空间布局，落实生态保护、基本农田、城镇开发等空间管控边界。坚持最严格的耕地保护制度和最严格的节约用地制度，严格规范执行耕地占补平衡制度，对违法占用耕地“零容忍”，坚决有效遏制增

量，依法有序整治存量，强化耕地数量保护和质量提升。深化生态文明体制改革，实行最严格的生态环境保护制度，健全明晰高效的自然资源资产产权制度。坚持山水林田湖草系统治理，全面提升生物多样性保护水平。完善生态保护补偿机制，推广新安江等跨流域共治共保共享经验。继续打好蓝天、碧水、净土保卫战，强化多污染物协同控制和区域协同治理，推进生态环境持续改善。推进海岸带综合保护与利用。推进海岛特色化差异化发展，加强海岛生态环境保护。

（二十二）全面推进生产生活方式绿色转型。拓宽绿水青山就是金山银山转化通道，建立健全生态产品价值实现机制，探索完善具有浙江特点的生态系统生产总值（GEP）核算应用体系。高标准制定实施浙江省碳排放达峰行动方案。推进排污权、用能权、用水权市场化交易，积极参与全国碳排放权交易市场。大力发展绿色金融。全面促进能源资源节约集约利用，进一步推进生活垃圾分类，加快构建家电、汽车等废旧物资循环利用体系。深化“无废城市”建设。大力推行简约适度、绿色低碳、文明健康的生活方式，广泛开展绿色生活创建行动，促进人与自然和谐共生。

七、坚持和发展新时代“枫桥经验”，构建舒心安心放心的社会环境

（二十三）以数字化改革提升治理效能。强化数字赋能，聚焦党政机关整体智治、数字经济、数字社会、数字政府、数字法治等领域，探索智慧治理新平台、新机制、新模式。推进“互联网＋放管服”，全面推行“掌上办事”、“掌上办公”。深化“一件事”集成改革。健全党组织领导的自治、法治、德治、智治融合的城乡基层治理体系，完善基层

民主协商制度，推进市域社会治理现代化，建设人人有责、人人尽责、人人享有的社会治理共同体。推进“最多跑一地”改革，完善县级社会矛盾纠纷调处化解中心工作机制。

（二十四）全面建设法治浙江、平安浙江。健全覆盖城乡的公共法律服务体系，加大普法力度，推动尊法学法守法用法，促进公平正义，建设法治社会。构建全覆盖的政府监管体系和行政执法体系。高水平建设平安中国示范区，把保护人民生命安全摆在首位，加强社会治安防控体系建设，全面提高公共安全保障能力。建立健全覆盖各领域各方面的风险监测防控平台，健全防范化解重大风险挑战体制机制，守住不发生系统性风险底线。

八、保障措施

（二十五）坚持和加强党的全面领导。把党的领导贯穿推动浙江高质量发展建设共同富裕示范区的全过程、各领域、各环节。落实全面从严治党主体责任、监督责任，持之以恒加强党风廉政建设，不断深化清廉浙江建设，营造风清气正的良好政治生态。以正确用人导向引领干部干事创业，落实“三个区分开来”要求，做好容错纠错工作，加强对敢担当善作为干部的激励保护。

（二十六）强化政策保障和改革授权。中央和国家机关有关部门要结合自身职能，加强对浙江省的指导督促，根据本意见有针对性制定出台专项政策，优先将本领域改革试点、探索示范任务赋予浙江，并加强对改革试验、政策实施的监督检查。根据浙江高质量发展建设共同富裕示范区需要，在科技创新、数字化改革、分配制度改革、城乡区域协调发展、公共服务、生态产品价值实现等方面给予改革授权。涉及重要政策、重要规划、重大项目的，要依法依规办理并按程序报批。有关改革政策措施凡涉及调整现行法律或行政法规的，按法定程序经全国人大常委会或国务院统一授权后实施。

（二十七）建立评价体系和示范推广机制。加快构建推动共同富裕的综合评价体系，建立评估机制，坚持定量与定性、客观评价与主观评价相结合，全面反映共同富裕示范区建设工作成效，更好反映人民群众满意度和认同感。建立健全示范推广机制，及时总结示范区建设的好经验好做法，归纳提炼体制机制创新成果，成熟一批、推广一批，发挥好对全国其他地区的示范带动作用。

（二十八）完善实施机制。健全中央统筹、省负总责、市县抓落实的实施机制。依托推动长三角一体化发展领导小组，加强对浙江建设共同富裕示范区的统筹指导，国家发展改革委牵头设立工作专班负责协调推进本意见提出的任务措施。浙江省要切实承担主体责任，增强敢闯敢试、改革破难的担当精神，始终保持奋进姿态，立足省情和发展实际，制定具体实施方案，充分动员各方力量，不断开辟干在实处、走在前列、勇立潮头新境界。重大事项及时向党中央、国务院请示报告。

中共中央 国务院关于新时代推动中部地区高质量发展的意见

（2021 年 4 月 23 日）

促进中部地区崛起战略实施以来，特别是党的十八大以来，在以习近平同志为核心的党中央坚强领导下，中部地区经济社会发展取得重大成就，粮食生产基地、能源原材料基地、现代装备制造及高技术产业基地和综合交通运输枢纽地位更加巩固，经济总量占全国的比重进一步提高，科教实力显著增强，基础设施明显改善，社会事业全面发展，在国家经济社会发展中发挥了重要支撑作用。同时，中部地区发展不平衡不充分问题依然突出，内陆开放水平有待提高，制造业创新能力有待增强，生态绿色发展格局有待巩固，公共服务保障特别是应对公共卫生等重大突发事件能力有待提升。受新冠肺炎疫情等影响，中部地区特别是湖北省经济高质量发展和民生改善需要作出更大努力。顺应新时代新要求，为推动中部地区高质量发展，现提出如下意见。

一、总体要求

（一）指导思想。以习近平新时代中国特色社会主义思想为指导，全面贯彻党的十九大和十九届二中、三中、四中、五中全会精神，坚持稳中求进工作总基调，立足新发展阶段，贯彻新发展理念，构建新发展格局，坚持统筹发展和安全，以推动高质量发展为主题，以深化供给侧结构性改革为主线，以改革创新为根本动力，以满足人民日益增长的美好生活需要为根本目的，充分发挥中部地区承东启西、连南接北的区位优势和资源要素丰富、市场潜力巨大、文化底蕴深厚等比较优势，着力构建以先进制造业为支撑的现代产业体系，着力增强城乡区域发展协调性，着力建设绿色发展的美丽中部，着力推动内陆高水平开放，着力提升基本公共服务保障水平，着力改革完善体制机制，推动中部地区加快崛起，在全面建设社会主义现代化国家新征程中作出更大贡献。

（二）主要目标。到 2025 年，中部地区质量变革、效率变革、动力变革取得突破性进展，投入产出效益大幅提高，综合实力、内生动力和竞争力进一步增强。创新能力建设取得明显成效，科创产业融合发展体系基本建立，全社会研发经费投入占地区生产总值比重达到全国平均水平。常住人口城镇化率年均提高 1 个百分点以上，分工合理、优势互补、各具特色的协调发展格局基本形成，城乡区域发展协调性进一步增强。绿色发展深入推进，单位地区生产总值能耗降幅达到全国平均水平，单位地区生产总值二氧化碳排放进一步降低，资源节约型、环境友好型发展方式普遍建立。开放水平再上新台阶，内陆开放型经济新体制基本形成。共享发展达到新水平，居民人均可支配收入与经济增长基本同步，统筹应对公共卫生等重大突发事件能力显著提高，人民群众获得感、幸福感、安全感明显增强。

到 2035 年，中部地区现代化经济体系基本建成，产业整体迈向中高端，城乡区域协调发展达到较高水平，绿色低碳生产生活方式基本形成，开放型经济体制机制更加完善，人民生活更加幸福安康，基本实现社会主义现代化，共同富裕取得更为明显的实质性进展。

二、坚持创新发展，构建以先进制造业为支撑的现代产业体系

（三）做大做强先进制造业。统筹规划引导中部地区产业集群（基地）发展，在长江沿线建设中国（武汉）光谷、中国（合肥）声谷，在京广沿线建设郑州电子信息、长株潭装备制造产业集群，在京九沿线建设南昌、吉安电子信息产业集群，在大湛沿线建设太原新材料、洛阳装备制造产业集群。建设智能制造、新材料、新能源汽车、电子信息等产业基地。打造集研究开发、检验检测、成果推广等功能于一体的产业集群（基地）服务平台。深入实施制造业重大技术改造升级工程，重点促进河南食品轻纺、山西煤炭、江西有色金属、湖南冶金、湖北化工建材、安徽钢铁有色等传统产业向智能化、绿色化、服务化发展。加快推进山西国家资源型经济转型综合配套改革试验区建设和能源革命综合改革试点。

（四）积极承接制造业转移。推进皖江城市带、晋陕豫黄河金三角、湖北荆州、赣南、湘南湘西承接产业转移示范区和皖北承接产业转移集聚区建设，积极承接新兴产业转移，重点承接产业链关键环节。创新园区建设运营方式，支持与其他地区共建产业转移合作园区。依托园区搭建产业转移服务平台，加强信息沟通及区域产业合作，推动产业转移精准对接。加大中央预算内投资对产业转移合作园区基础设施建设支持力度。在坚持节约集约用地前提下，适当增加中部地区承接制造业转移项目新增建设用地计划指标。创新跨区域制造业转移利益分享机制，建立跨区域经济统计分成制度。

（五）提高关键领域自主创新能力。主动融入新一轮科技和产业革命，提高关键领域自主创新能力，以科技创新引领产业发展，将长板进一步拉长，不断缩小与东部地区尖端技术差距，加快数字化、网络化、

智能化技术在各领域的应用。加快合肥综合性国家科学中心建设，探索国家实验室建设运行模式，推动重大科技基础设施集群化发展，开展关键共性技术、前沿引领技术攻关。选择武汉等有条件城市布局一批重大科技基础设施。加快武汉信息光电子、株洲先进轨道交通装备、洛阳农机装备等国家制造业创新中心建设，新培育一批产业创新中心和制造业创新中心。支持建设一批众创空间、孵化器、加速器等创新创业孵化平台和双创示范基地，鼓励发展创业投资。联合区域创新资源，实施一批重要领域关键核心技术攻关。发挥企业在科技创新中的主体作用，支持领军企业组建创新联合体，带动中小企业创新活动。促进产学研融通创新，布局建设一批综合性中试基地，依托龙头企业建设一批专业中试基地。加强知识产权保护，更多鼓励原创技术创新，依托现有国家和省级技术转移中心、知识产权交易中心等，建设中部地区技术交易市场联盟，推动技术交易市场互联互通。完善科技成果转移转化机制，支持有条件地区创建国家科技成果转移转化示范区。

（六）推动先进制造业和现代服务业深度融合。依托产业集群（基地）建设一批工业设计中心和工业互联网平台，推动大数据、物联网、人工智能等新一代信息技术在制造业领域的应用创新，大力发展研发设计、金融服务、检验检测等现代服务业，积极发展服务型制造业，打造数字经济新优势。加强新型基础设施建设，发展新一代信息网络，拓展第五代移动通信应用。积极发展电商网购、在线服务等新业态，推动生活服务业线上线下融合，支持电商、快递进农村。加快郑州、长沙、太原、宜昌、赣州国家物流枢纽建设，支持建设一批生产服务型物流枢纽。增加郑州商品交易所上市产品，支持山西与现有期货交易所合作开展能源商品期现结合交易。推进江西省赣江新区绿色金融改革创新试验区建设。

三、坚持协调发展，增强城乡区域发展协同性

（七）主动融入区域重大战略。加强与京津冀协同发展、长江经济带发展、粤港澳大湾区建设、长三角一体化发展、黄河流域生态保护和高质量发展等区域重大战略互促共进，促进区域间融合互动、融通补充。支持安徽积极融入长三角一体化发展，打造具有重要影响力的科技创新策源地、新兴产业聚集地和绿色发展样板区。支持河南、山西深度参加黄河流域生态保护和高质量发展战略实施，共同抓好大保护，协同推进大治理。支持湖北、湖南、江西加强生态保护、推动绿色发展，在长江经济带建设中发挥更大作用。

（八）促进城乡融合发展。以基础设施互联互通、公共服务共建共享为重点，加强长江中游城市群、中原城市群内城市间合作。支持武汉、长株潭、郑州、合肥等都市圈及山西中部城市群建设，培育发展南昌都市圈。加快武汉、郑州国家中心城市建设，增强长沙、合肥、南昌、太原等区域中心城市辐射带动能力，促进洛阳、襄阳、阜阳、赣州、衡阳、大同等区域重点城市经济发展和人口集聚。推进以县城为重要载体的城镇化建设，以县域为单元统筹城乡发展。发展一批特色小镇，补齐县城和小城镇基础设施与公共服务短板。有条件地区推进城乡供水一体化、农村供水规模化建设和水利设施改造升级，加快推进引江济淮、长江和淮河干流治理、鄂北水资源配置、江西花桥水库、湖南椒花水库等重大水利工程建设。

（九）推进城市品质提升。实施城市更新行动，推进城市生态修复、功能完善工程，合理确定城市规模、人口密度，优化城市布局，推动城市基础设施体系化网络化建设，推进基于数字化的新型基础设施建设。加快补齐市政基础设施和公共服务设施短板，系统化全域化推进海绵

城市建设，增强城市防洪排涝功能。推动地级及以上城市加快建立生活垃圾分类投放、分类收集、分类运输、分类处理系统。建设完整居住社区，开展城市居住社区建设补短板行动。加强建筑设计管理，优化城市空间和建筑布局，塑造城市时代特色风貌。

（十）加快农业农村现代化。大力发展粮食生产，支持河南等主产区建设粮食生产核心区，确保粮食种植面积和产量保持稳定，巩固提升全国粮食生产基地地位。实施大中型灌区续建配套节水改造和现代化建设，大力推进高标准农田建设，推广先进适用的农机化技术和装备，加强种质资源保护和利用，支持发展高效旱作农业。高质量推进粮食生产功能区、重要农产品生产保护区和特色农产品优势区建设，大力发展油料、生猪、水产品等优势农产品生产，打造一批绿色农产品生产加工供应基地。支持农产品加工业发展，加快农村产业融合发展示范园建设，推动农村一二三产业融合发展。加快培育农民合作社、家庭农场等新兴农业经营主体，大力培育高素质农民，健全农业社会化服务体系。加快农村公共基础设施建设，因地制宜推进农村改厕、生活垃圾处理和污水治理，改善农村人居环境，建设生态宜居的美丽乡村。

（十一）推动省际协作和交界地区协同发展。围绕对话交流、重大事项协商、规划衔接，建立健全中部地区省际合作机制。加快落实支持赣南等原中央苏区、大别山等革命老区振兴发展的政策措施。推动中部六省省际交界地区以及与东部、西部其他省份交界地区合作，务实推进晋陕豫黄河金三角区域合作，深化大别山、武陵山等区域旅游与经济协作。加强流域上下游产业园区合作共建，充分发挥长江流域园区合作联盟作用，建立淮河、汉江流域园区合作联盟，促进产业协同创新、有序转移、优化升级。加快重要流域上下游、左右岸地区融合发展，推动长株潭跨湘江、南昌跨赣江、太原跨汾河、荆州和芜湖等跨长江发展。

四、坚持绿色发展，打造人与自然和谐共生的美丽中部

（十二）共同构筑生态安全屏障。牢固树立绿水青山就是金山银山理念，统筹推进山水林田湖草沙系统治理。将生态保护红线、环境质量底线、资源利用上线的硬约束落实到环境管控单元，建立全覆盖的生态环境分区管控体系。坚持以水而定、量水而行，把水资源作为最大刚性约束，严格取用水管理。继续深化做实河长制湖长制。强化长江岸线分区管理与用途管制，保护自然岸线和水域生态环境，加强鄱阳湖、洞庭湖等湖泊保护和治理，实施好长江十年禁渔，保护长江珍稀濒危水生生物。加强黄河流域水土保持和生态修复，实施河道和滩区综合提升治理工程。加快解决中小河流、病险水库、重要蓄滞洪区和山洪灾害等防汛薄弱环节，增强城乡防洪能力。以河道生态整治和河道外两岸造林绿化为重点，建设淮河、汉江、湘江、赣江、汾河等河流生态廊道。构建以国家公园为主体的自然保护地体系，科学推进长江中下游、华北平原国土绿化行动，积极开展国家森林城市建设，推行林长制，大力推进森林质量精准提升工程，加强生物多样性系统保护，加大地下水超采治理力度。

（十三）加强生态环境共保联治。深入打好污染防治攻坚战，强化全民共治、源头防治，落实生态保护补偿和生态环境损害赔偿制度，共同解决区域环境突出问题。以城市群、都市圈为重点，协同开展大气污染联防联控，推进重点行业大气污染深度治理。强化移动源污染防治，全面治理面源扬尘污染。以长江、黄河等流域为重点，推动建立横向生态保护补偿机制，逐步完善流域生态保护补偿等标准体系，建立跨界断面水质目标责任体系，推动恢复水域生态环境。加快推进城镇污水收集处理设施建设和改造，推广污水资源化利用。推进土壤污染综合防治先

行区建设。实施粮食主产区永久基本农田面源污染专项治理工程，加强畜禽养殖污染综合治理和资源化利用。加快实施矿山修复重点工程、尾矿库污染治理工程，推动矿业绿色发展。严格防控港口船舶污染。加强白色污染治理。强化噪声源头防控和监督管理，提高声环境功能区达标率。

（十四）加快形成绿色生产生活方式。加大园区循环化改造力度，推进资源循环利用基地建设，支持新建一批循环经济示范城市、示范园区。支持开展低碳城市试点，积极推进近零碳排放示范工程，开展节约型机关和绿色家庭、绿色学校、绿色社区、绿色建筑等创建行动，鼓励绿色消费和绿色出行，促进产业绿色转型发展，提升生态碳汇能力。因地制宜发展绿色小水电、分布式光伏发电，支持山西煤层气、鄂西页岩气开发转化，加快农村能源服务体系建设。进一步完善和落实资源有偿使用制度，依托规范的公共资源和产权交易平台开展排污权、用能权、用水权、碳排放权市场化交易。按照国家统一部署，扎实做好碳达峰、碳中和各项工作。健全有利于节约用水的价格机制，完善促进节能环保的电价机制。支持许昌、铜陵、瑞金等地深入推进“无废城市”建设试点。

五、坚持开放发展，形成内陆高水平开放新体制

（十五）加快内陆开放通道建设。全面开工呼南纵向高速铁路通道中部段，加快沿江、厦渝横向高速铁路通道中部段建设。实施汉江、湘江、赣江、淮河航道整治工程，研究推进水系沟通工程，形成水运大通道。加快推进长江干线过江通道建设，继续实施省际高速公路连通工程。加强武汉长江中游航运中心建设，发展沿江港口铁水联运功能，优

化中转设施和集疏运网络。加快推进郑州国际物流中心、湖北鄂州货运枢纽机场和合肥国际航空货运集散中心建设，提升郑州、武汉区域航空枢纽功能，积极推动长沙、合肥、南昌、太原形成各具特色的区域枢纽，提高支线机场服务能力。完善国际航线网络，发展全货机航班，增强中部地区机场连接国际枢纽机场能力。发挥长江黄金水道和京广、京九、浩吉、沪昆、陇海—兰新交通干线作用，加强与长三角、粤港澳大湾区、海峡西岸等沿海地区及内蒙古、广西、云南、新疆等边境口岸合作，对接新亚欧大陆桥、中国—中南半岛、中国—中亚—西亚经济走廊、中蒙俄经济走廊及西部陆海新通道，全面融入共建“一带一路”。

（十六）打造内陆高水平开放平台。高标准建设安徽、河南、湖北、湖南自由贸易试验区，支持先行先试，形成可复制可推广的制度创新成果，进一步发挥辐射带动作用。支持湖南湘江新区、江西赣江新区建成对外开放重要平台。充分发挥郑州航空港经济综合实验区、长沙临空经济示范区在对外开放中的重要作用，鼓励武汉、南昌、合肥、太原等地建设临空经济区。加快郑州—卢森堡“空中丝绸之路”建设，推动江西内陆开放型经济试验区建设。支持建设服务外包示范城市。加快跨境电子商务综合试验区建设，构建区域性电子商务枢纽。支持有条件地区设立综合保税区、创建国家级开放口岸，深化与长江经济带其他地区、京津冀、长三角、粤港澳大湾区等地区通关合作，提升与“一带一路”沿线国家主要口岸互联互通水平。支持有条件地区加快建设具有国际先进水平的国际贸易“单一窗口”。

（十七）持续优化市场化法治化国际化营商环境。深化简政放权、放管结合、优化服务改革，全面推行政务服务“一网通办”，推进“一次办好”改革，做到企业开办全程网上办理。推进与企业发展、群众生活密切相关的高频事项“跨省通办”，实现更多事项异地办理。对标国际一流水平，建设与国际通行规则接轨的市场体系，促进国际国内要素有序自由流动、资源高效配置。加强事前事中事后全链条监管，加大反垄断和反不正当竞争执法司法力度，为各类所有制企业发展创造公平竞争环境。改善中小微企业发展生态，放宽小微企业、个体工商户登记经营场所限制，便利各类创业者注册经营、及时享受扶持政策，支持大中小企业融通发展。

六、坚持共享发展，提升公共服务保障水平

（十八）提高基本公共服务保障能力。认真总结新冠肺炎疫情防控经验模式，加强公共卫生体系建设，完善公共卫生服务项目，建立公共卫生事业稳定投入机制，完善突发公共卫生事件监测预警处置机制，防范化解重大疫情和突发公共卫生风险，着力补齐公共卫生风险防控和应急管理短板，重点支持早期监测预警能力、应急医疗救治体系、医疗物资储备设施及隔离设施等传染病防治项目建设，加快实施传染病医院、疾控中心标准化建设，提高城乡社区医疗服务能力。推动基本医疗保险信息互联共享，完善住院费用异地直接结算。建立统一的公共就业信息服务平台，加强对重点行业、重点群体就业支持，引导重点就业群体跨地区就业，促进多渠道灵活就业。支持农民工、高校毕业生和退役军人等人员返乡入乡就业创业。合理提高孤儿基本生活费、事实无人抚养儿童基本生活补贴标准，推动儿童福利机构优化提质和转型发展。完善农村留守老人关爱服务工作体系，健全农村养老服务设施。建立健全基本公共服务标准体系并适时进行动态调整。推动居住证制度覆盖全部未落户城镇常住人口，完善以居住证为载体的随迁子女就学、住房保障等公共服务政策。

（十九）增加高品质公共服务供给。加快推进世界一流大学和一流学科建设，支持国内一流科研机构在中部地区设立分支机构，鼓励国外著名高校在中部地区开展合作办学。大力开展职业技能培训，加快高水平高职学校和专业建设，打造一批示范性职业教育集团（联盟），支持中部省份共建共享一批产教融合实训基地。支持建设若干区域医疗中心，鼓励国内外大型综合性医疗机构依法依规在中部地区设立分支机构。支持县级医院与乡镇（社区）医疗机构建立医疗联合体，提升基层医疗机构服务水平。条件成熟时在中部地区设立药品、医疗器械审评分中心，加快创新药品、医疗器械审评审批进程。深入挖掘和利用地方特色文化资源，打响中原文化、楚文化、三晋文化品牌。传承和弘扬赣南等原中央苏区、井冈山、大别山等革命老区红色文化，打造爱国主义教育基地和红色旅游目的地。积极发展文化创意、广播影视、动漫游戏、数字出版等产业，推进国家文化与科技融合示范基地、国家级文化产业示范园区建设，加快建设景德镇国家陶瓷文化传承创新试验区。加大对足球场地等体育设施建设支持力度。

（二十）加强和创新社会治理。完善突发事件监测预警、应急响应平台和决策指挥系统，建设区域应急救援平台和区域保障中心，提高应急物资生产、储备和调配能力。依托社会管理信息化平台，推动政府部门业务数据互联共享，打造智慧城市、智慧社区。推进城市社区网格化管理，推动治理重心下移，实现社区服务规范化、全覆盖。完善村党组织领导乡村治理的体制机制，强化村级组织自治功能，全面实施村级事务阳光工程。全面推进“一区一警、一村一辅警”建设，打造平安社区、平安乡村。加强农村道路交通安全监督管理。加强农村普法教育和法律援助，依法解决农村社会矛盾。

（二十一）实现巩固拓展脱贫攻坚成果同乡村振兴有效衔接。聚焦赣南等原中央苏区、大别山区、太行山区、吕梁山区、罗霄山区、武陵山区等地区，健全防止返贫监测和帮扶机制，保持主要帮扶政策总体稳定，实施帮扶对象动态管理，防止已脱贫人口返贫。进一步改善基础设施和市场环境，因地制宜推动特色产业可持续发展。

七、完善促进中部地区高质量发展政策措施

（二十二）建立健全支持政策体系。确保支持湖北省经济社会发展的一揽子政策尽快落实到位，支持保就业、保民生、保运转，促进湖北经济社会秩序全面恢复。中部地区欠发达县（市、区）继续比照实施西部大开发有关政策，老工业基地城市继续比照实施振兴东北地区等老工业基地有关政策，并结合实际调整优化实施范围和有关政策内容。对重要改革开放平台建设用地实行计划指标倾斜，按照国家统筹、地方分担原则，优先保障先进制造业、跨区域基础设施等重大项目新增建设用地指标。鼓励人才自由流动，实行双向挂职、短期工作、项目合作等灵活多样的人才柔性流动政策，推进人力资源信息共享和服务政策有机衔接，吸引各类专业人才到中部地区就业创业。允许中央企事业单位专业技术人员和管理人才按有关规定在中部地区兼职并取得合法报酬，鼓励地方政府设立人才引进专项资金，实行专业技术人才落户“零门槛”。

（二十三）加大财税金融支持力度。中央财政继续加大对中部地区转移支付力度，支持中部地区提高基本公共服务保障水平，在风险可控前提下适当增加省级政府地方政府债券分配额度。全面实施工业企业技术改造综合奖补政策，对在投资总额内进口的自用设备按现行规定免征关税。积极培育区域性股权交易市场，支持鼓励类产业企业上市融资，支持符合条件的企业通过债券市场直接融资，引导各类金融机构加强对

中部地区的支持，加大对重点领域和薄弱环节信贷支持力度，提升金融服务质效，增强金融普惠性。

八、认真抓好组织实施

（二十四）加强组织领导。坚持和加强党的全面领导，把党的领导贯穿推动中部地区加快崛起的全过程。山西、安徽、江西、河南、湖北、湖南等中部六省要增强“四个意识”、坚定“四个自信”、做到“两个维护”，落实主体责任，完善推进机制，加强工作协同，深化相互合作，确保党中央、国务院决策部署落地见效。

（二十五）强化协调指导。中央有关部门要按照职责分工，密切与中部六省沟通衔接，在规划编制和重大政策制定、项目安排、改革创新等方面予以积极支持。国家促进中部地区崛起工作办公室要加强统筹指导，协调解决本意见实施中面临的突出问题，强化督促和实施效果评估。本意见实施涉及的重要规划、重点政策、重大项目要按规定程序报批。重大事项及时向党中央、国务院请示报告。

国务院关于支持山东深化新旧动能转换推动绿色低碳高质量发展的意见

国发〔2022〕18号

各省、自治区、直辖市人民政府，国务院各部委、各直属机构：

山东是我国重要的工业基地和北方地区经济发展的战略支点。为支持山东在深化新旧动能转换基础上，着力探索转型发展之路，进一步增强区域发展活力动力，加快推动绿色低碳高质量发展，现提出如下意见。

一、总体要求

（一）指导思想。

以习近平新时代中国特色社会主义思想为指导，深入落实习近平总书记关于山东工作“走在前列、全面开创”的重要指示精神，坚持稳中求进工作总基调，完整、准确、全面贯彻新发展理念，坚持以人民为中心的发展思想，坚定不移走生态优先、绿色发展的现代化道路，以深化新旧动能转换为中心任务，以形成绿色低碳生产生活方式为主攻方向，以改革创新为根本动力，统筹发展和安全，改造提升传统动能和培育壮大新动能并举，努力建设绿色低碳高质量发展先行区，努力在服务和融入新发展格局上走在前、在增强经济社会发展创新力上走在前、在推动黄河流域生态保护和高质量发展上走在前，不断改善人民生活、促进共同富裕，开创新时代社会主义现代化强省建设新局面。

（二）发展导向。

——深化新旧动能转换。实施创新驱动发展战略，坚持腾笼换鸟、凤凰涅槃，依托新旧动能转换综合试验区，打造全国重要的区域创新高地和科技创新策源地，培育一批有重要影响力的战略性新兴产业集群，加快探索形成新旧动能转换的路径模式。

——推动绿色低碳转型发展。实施全面节约战略，围绕实现碳达峰碳中和，坚持降碳、减污、扩绿、增长协同推进，推动重化工业转型、低碳技术研发推广、绿色发展机制创新，加快形成节约资源和保护环境的产业结构、生产方式、生活方式、空间格局。

——促进工业化数字化深度融合。坚持走新型工业化道路，协同推进产业数字化和数字产业化，以制造业数字化、网络化、智能化发展为牵引，强化底层技术突破，汇聚海量数据，丰富产业应用场景，创新融合发展模式，促进数字技术全链条赋能实体经济，推动制造大省向制造强省转变。

——深入实施黄河流域生态保护和高质量发展战略。发挥山东半岛城市群龙头作用，全方位、多层次深化黄河流域大保护、大治理，在生态环境高水平保护、水资源深度节约集约利用和协同推进经济高质量发展方面加强探索创新。

（三）发展目标。

到 2027 年，山东深化新旧动能转换建设绿色低碳高质量发展先行区实现重大突破，形成一批可复制可推广的成功经验。产业数字化转型全面推进，新技术、新产业、新业态、新模式成为经济发展的主要驱动力。能源结构、产业结构显著优化，增量能源消费主要依靠非化石能源提供，重点行业和企业能效水平全国领先。水资源节约集约利用水平大幅提升，主要污染物排放总量持续下降，城乡人居环境和居民生活品质显著改善。重点领域改革取得重大突破，简政放权、放管结合、优化服务改革取得实质性进展，营商环境达到全国一流水平。

到 2035 年，山东成功跨越转变经济发展方式、优化经济结构、转换增长动力的常规性长期性关口，努力建成现代化经济体系，碳排放达峰后稳中有降，发展动能持续转换升级和绿色低碳发展的体制机制基本成熟定型，建成新时代社会主义现代化强省。

二、降碳提质并举，全面改造提升传统产业

（四）推动传统支柱产业绿色化高端化发展。以节能降碳和绿色转型为牵引，实施产业基础再造工程和质量提升行动，支持传统优势产业做精做强，向产业链中高端迈进。支持山东以化工、有色金属、建材、纺织、轻工等行业为重点，“一业一策”制定改造提升计划。推进产业园区循环化改造，促进废物综合利用、能量梯级利用、水资源循环利用。

（五）加快重化工业布局优化和结构调整。坚持高端化、绿色化、集约化，促进钢铁、石化企业兼并重组，实现产能向沿海地区园区集中。京津冀大气污染传输通道城市钢铁产能实现应退尽退，推动重要钢铁产业基地工艺流程优化和产品结构升级。深入推进化工园区整治提升，鼓励企业减油增化，延伸石化产业链，提高化工新材料保障能力。扎实推进裕龙岛炼化一体化项目建设，严格落实产能置换指标，稳妥推动后续地炼产能整合。

（六）坚决遏制高耗能高排放低水平项目盲目发展。聚焦重点耗能行业，强化环保、质量、技术、节能、安全标准引领，对高耗能高排放项目全面推行清单管理、分类处置、动态监控。新建高耗能高排放项目严格落实产能、煤耗、能耗、碳排放、污染物排放等减量替代要求，主要产品能效水平对标国家能耗限额先进标准并力争达到国际先进水平；对存量项目积极有序开展节能降碳技术改造，加快淘汰落后产能。

三、坚持清洁低碳安全高效，优化能源和交通结构

（七）推动化石能源清洁高效利用。在确保能源安全可靠稳定供应的基础上，严格合理控制煤炭消费增长，加快实施煤电机组节能降碳改造、供热改造、灵活性改造“三改联动”，原则上不再新建自备燃煤机组。大幅压减散煤消费，因地制宜推进“煤改气”、“煤改电”，推广工业余热余压综合利用。提升胜利油田、渤海油气资源勘探开发和清洁低碳生产水平，加强油气开发与新能源融合发展，推进中俄东线天然气管道（山东段）、沿海液化天然气（LNG）接收站等基础设施建设。

（八）促进非化石能源大规模高比例发展。支持山东大力发展可再生能源，打造千万千瓦级深远海海上风电基地，利用鲁北盐碱滩涂地、鲁西南采煤沉陷区等建设规模化风电光伏基地，探索分布式光伏融合发展模式。在确保绝对安全的前提下在胶东半岛有序发展核电，推动自主先进核电堆型规模化发展，拓展供热、海水淡化等综合利用。推动“绿电入鲁”，支持山东加强与送端省份合作，积极参与大型风电光伏基地建设，加快陇东至山东特高压输电通道建设，新建特高压输电通道中可再生能源电量比例原则上不低于50%。构建源网荷储协同互动的智慧能源系统，推动抽水蓄能电站建设，提升新型储能应用水平。

（九）优化交通设施布局和结构。推动青岛经济南至郑州、西安通道建设，加快建成京沪高铁辅助通道，推进京杭运河黄河以北段适宜河段复航。推动青岛港和日照港、烟台港等加快建设世界一流海港，强化与天津、河北、江苏等沿海省份港口合作互动，共同打造世界级港口群。完善多式联运体系，推进大宗货物运输“公转铁”“公转水”。支持青岛港扩大氢能利用、日照港建设大宗干散货智慧绿色示范港口，构建以电气化铁路、节能环保船舶为主的中长途绿色货运系统。

四、推动数字绿色文化赋能，积极培育发展新兴产业

（十）全面推动制造业数字化转型。以石化、高端装备、纺织、家电等行业为重点，大力提升数字基础设施支撑、数据资源汇聚运用和信息安全保障能力，加快新一代信息技术与制造业全过程、全要素深度融合，推进特色优势产业补链强链，打造国际一流的智能家电、轨道交通、动力装备等先进制造业集群。培育具有国际影响力的工业互联网平台，提升标识解析体系层次和应用深度，积极发展网络协同制造、个性化定制、智能化管理等新模式。布局一批数字化转型促进中心，梯次培育“专精特新”中小企业和单项冠军企业。

（十一）培育壮大数字产业。构建“5G+光网”双千兆高速网络，建设国家级互联网骨干直联点和青岛国际通信业务出入口局。大力提升先进计算、新型智能终端、超高清视频、网络安全等数字优势产业竞争力，积极推进光电子、高端软件等核心基础产业创新突破，前瞻布局未来网络、碳基半导体、类脑计算等未来产业。建设济南、青岛国家E级超算中心，提升云计算能力，完善国家级、省级及边缘工业互联网大数据中心体系。

（十二）大力发展海洋特色新兴产业集群。面向深海大洋资源开发，突破海工高端装备关键核心技术，建设世界领先的海工装备基地。加快海洋新材料研发应用，延伸海洋化工产业链。促进海洋生物医药创新，实施现代渔业“蓝色良种”工程，建设国家深海基因库。打造集成风能开发、氢能利用、海水淡化及海洋牧场建设等的海上“能源岛”。建设国家海洋综合试验场（威海），实施智慧海洋工程。

（十三）积极发展绿色低碳新兴产业。支持山东布局大功率海上风电、高效光伏发电、先进核电等清洁能源装备与关键零部件制造。实施“氢进万家”科技示范工程，构建制储输用全链条发展的创新应用生态。壮大污染治理、固体废物资源化利用、环境监测等节能环保装备产业，加快节能环保服务业发展，鼓励向价值链高端延伸。

（十四）实施文化赋能行动。深入发掘儒家文化、泰山文化、黄河文化、运河文化等中华优秀传统文化和红色文化独特魅力，为产品研发、设计制造、文旅发展铸魂赋能，塑造一批积淀深厚、特色鲜明的原创标识和国潮品牌。大力发展创意设计、网络视听、文化会展、数字出版等文化产业，推动文化和旅游融合发展，建设“好客山东”全域旅游示范区、国际著名文化旅游目的地。

五、实施创新驱动发展战略，加快塑造发展新优势

（十五）推动重大创新平台建设。发挥山东海洋科技资源雄厚、海洋产业基础较好的综合优势，高质量建设海洋领域国家实验室。支持在新一代信息技术、新材料、高端装备、绿色矿山等领域按程序稳步重组一批全国重点实验室，在工业互联网、生命健康、虚拟现实等新兴产业领域培育国家工程研究中心等重大创新平台。

（十六）强化企业创新主体地位。鼓励企业特别是国有企业加大研发投入力度，建立研发投入增长机制和研发准备金制度。支持产业链领航企业联合高校、科研院所和行业企业共建产业创新中心，承担国家重大科技项目，组织开展“技术攻关＋产业化应用”重大科技示范工程。鼓励大型企业科技设施、科研数据、技术验证环境与中小企业共享共用，构建产业链上中下游、大中小企业融通创新生态。

（十七）激发人才创新创造活力。支持山东探索建立顶尖人才“直通车”机制，实行“一人一策”。通过事业育才、政策聚才、柔性引才等模式，聚集一批领军人才和青年科技人才，赋予更大技术路线决定权和经费使用权。创新高校人才培育和职业教育发展模式，建设适应产业升级需求的技术人才队伍。实行科技攻关“赛马制”“揭榜挂帅”，实施以增加知识价值为导向的分配政策，依法赋予科研人员职务科技成果所有权或长期使用权。

六、践行绿水青山就是金山银山理念，持续改善生态环境质量

（十八）加强水资源节约集约利用。坚持以水定城、以水定地、以水定人、以水定产，实施最严格的水资源保护利用制度，打好深度节水控水攻坚战。培育水权交易市场，实施国家节水行动，提升污水资源化利用比例和海水淡化利用规模。开展黄河下游“二级悬河”治理，实施黄河下游防洪工程、引黄涵闸改建工程，推动病险水库水闸除险加固，加强黄河口地区、东平湖蓄滞洪区综合治理，确保黄河下游长久安澜。研究论证南水北调东线山东境内工程线路布局，优化水资源配置。

（十九）提升生态系统功能和碳汇能力。坚持山水林田湖草沙一体化保护和修复，构建沿海岸带、沿黄河、沿大运河等生态廊道和鲁中山

区、鲁东低山丘陵等生态屏障，实施重点区域生态保护和修复工程。深入推进黄河口国家公园创建，全面保护黄河三角洲湿地生态系统。加强沿海防护林、河口、岸线、海湾、湿地、海岛等保护修复，实施自然岸线保有率目标管控，探索建立海岸建筑退缩线制度。定期开展森林、湿地、海洋、土壤等碳汇本底调查、碳储量评估、潜力分析。

（二十）持续改善环境质量。打好蓝天保卫战，制定空气质量限期达标路线图，推动细颗粒物（$PM_{2.5}$）浓度持续下降，有效遏制臭氧（O_3）浓度上升，消除重污染天气。打好碧水保卫战，规范入河（海）排污口设置，加快推进黄河干流及主要支流岸线 1 公里范围内高耗水、高污染企业搬迁入园，消除国控断面劣Ⅴ类水体，加强南水北调东线工程沿线污染治理。打好净土保卫战，加强受污染耕地、矿区用地等土壤风险管控和修复，确保人口密集区化工企业腾退土地安全利用。全面排查、坚决防止污染项目向农村地区转移。持续推进蓝色海湾整治行动和海岸带保护修复工程，坚持“一湾一策”推进海湾综合治理，强化陆源污染排放项目和岸线、滩涂管理，布局建设北方海洋环境应急处置中心。

（二十一）加快形成绿色低碳生活方式。深入实施绿色低碳全民行动，扩大节能环保汽车、节能家电、高效照明等绿色产品供给，探索建立个人碳账户等绿色消费激励机制，全面推行城市生活垃圾分类，落实粮食节约行动方案。开展绿色生活创建活动，扩大政府绿色采购覆盖范围，引导企业深入执行绿色采购指南。城镇新建建筑全面执行绿色建筑标准，推动建筑光伏一体化和超低能耗建筑规模化发展。

（二十二）建立绿色低碳发展体制机制。稳步推进能耗“双控”向碳排放总量和强度“双控”转变。探索生态产品价值实现机制、碳汇补偿和交易机制，支持山东更多行业企业参与全国碳排放权交易，开展重点产品全生命周期碳足迹核算。在具备条件的钢铁、水泥、化工等行业探索建设大型碳捕集利用与封存示范项目，通过市场化方式鼓励利用废弃油田、矿井等发展多样化低成本碳封存，拓展二氧化碳在油气开采、大棚种植、冷链运输等领域应用场景。引导金融机构按照市场化法治化原则开发绿色金融产品、扩大绿色信贷规模，支持符合条件企业发行绿色债券。

七、促进城乡区域协调，构筑高质量发展空间动力系统

（二十三）提升省内区域协调联动发展水平。推动山东半岛城市群集约发展，打造黄河流域增长极。培育发展济南、青岛现代化都市圈，高质量建设济南新旧动能转换起步区和青岛西海岸新区。提升鲁西、胶东、鲁南地区发展水平，促进协同互动。支持资源型城市、区域交界城市发展，因地制宜发展特色优势产业。推进以县城为重要载体的城镇化建设。

（二十四）提升城市建设和治理现代化水平。实施城市更新行动，加快城镇老旧小区改造，全面推进燃气管道等老化更新改造，建设活力街区。健全重大突发事件快速响应机制，加大城市防灾减灾设施建设力度，加强城市防洪排涝体系建设，严格保护生态空间、泄洪通道等。完善环境基础设施，健全废旧物资循环利用体系，推动城市雨污合流管网改造、城镇污水处理厂提标改造、公共供水管网漏损治理，实现城市建成区黑臭水体清零。加快新型城市基础设施建设，提升城市治理数字化网格化精细化水平。

（二十五）扎实推进乡村振兴。扛牢维护粮食安全大省责任，严守耕地保护红线，加快推进高标准农田建设，开展盐碱地等耕地后备资源

利用。实施种业振兴行动，加快农产品仓储保鲜冷链物流设施建设，建设重要农产品和蔬果供应保障基地。推进绿色生态农业技术研发应用，实现化肥、农药、地膜使用量负增长，提升农业废弃物综合利用水平。实施农房质量安全提升工程，深化农村人居环境整治提升。做好黄河滩区居民迁建后续扶持，统筹推进搬迁安置、产业就业、公共设施和社区服务体系建设。

八、创新体制机制，建设改革开放新高地

（二十六）健全动能转换的市场化机制。加快国有经济布局优化、结构调整和战略性重组，推动国有企业率先淘汰低效落后产能，促进国有资本向前瞻性战略性新兴产业集中。健全支持民营企业改革发展政策，依法平等保护民营企业产权和企业家权益，大力弘扬企业家精神。破除制约劳动力、技术、数据等要素自由流动的体制机制障碍，坚决废除妨碍统一市场和公平竞争的规定和做法，探索能源、公用事业等行业竞争性环节市场化改革路径。依法推动农村宅基地、集体建设用地等领域改革。

（二十七）建设高效能服务型政府。深化“放管服”改革，打造市场化法治化国际化营商环境。全面实行政府权责清单制度，结合山东实际深化“一网通办”“一次办好”“一链办理”改革，实现政务服务标准化、规范化、便利化。构建一体化政务大数据平台，打造场景牵引、数据驱动、智能高效的数字政府。聚焦企业、个人全生命周期政务服务事项，大力推进极简办、集成办、全域办，实现惠企利民政策“免申即享”、快速兑现。加快建立健全全方位、多层次、立体化监管体系，健全“双随机、一公开”和“互联网＋监管”等监管手段，实现事前事中

事后全链条全领域监管。

（二十八）拓展对外开放合作新优势。深度融入共建“一带一路”，发挥中国—上合组织地方经贸合作示范区作用，深化与有关国家在能源等领域的投资合作，积极支持中欧班列高质量发展。积极参与区域全面经济伙伴关系协定（RCEP）实施，发挥与日韩等东亚国家深度合作优势，在服务贸易、电子商务、知识产权等领域加大开放合作力度，创建中日韩地方经贸合作示范区。深化绿色低碳技术、装备、服务、基础设施等领域国际合作，推动技术、产品走出去，合理调控高耗能、高排放产品出口，率先开展绿色贸易规则衔接。推动中国（山东）自由贸易试验区各项改革开放任务加快落地。

九、组织实施

（二十九）坚持党的全面领导。把党的领导贯穿到山东深化新旧动能转换建设绿色低碳高质量发展先行区的全过程和各领域各环节，充分发挥基层党组织战斗堡垒作用，全面调动广大党员、干部干事创业积极性、主动性、创造性，大力营造鼓励改革、支持创新、宽容失败的良好氛围。

（三十）强化政策支持和改革探索。赋予山东更大改革自主权，在科技创新、生态产品价值实现、绿色低碳技术应用、标准化创新发展等领域优先开展探索实践。健全有利于绿色低碳高质量发展的财政金融政策，与土地、价格、生态环境、社会等公共政策形成合力。发挥重大项目对促进新旧动能转换和绿色低碳高质量发展的牵引带动作用，将符合条件的项目纳入中央预算内投资、地方政府专项债券支持范围。

（三十一）加强统筹协调。国家发展改革委要会同有关部门认真贯彻党中央、国务院决策部署，加强对山东省的指导，统筹协调落实本意见提出的跨领域、跨区域重点任务，研究制定配套政策，帮助解决改革转型中的重点难点问题，及时总结推广经验做法。山东省要切实履行主体责任，制定具体实施方案，推进各项任务落实。重大情况及时向党中央、国务院报告。

国务院

2022 年 8 月 25 日

参考文献

[1] 班斓 . 中国四大区域高质量发展的路径比较 [J]. 统计与信息论坛 , 2022, (8).

[2] 蔡昉 . 转向高质量发展“三谈”[J]. 理论导报 , 2018, (2).

[3] 陈昌兵 . 新时代我国经济高质量发展动力转换研究 [J]. 上海经济研究 , 2018, (5).

[4] 习近平 . 贯彻新发展理念构建新发展格局 推动经济社会高质量发展可持续发展 [N]. 人民日报 , 2020-11-15(1).

[5] 习近平 . 贯彻新发展理念推动高质量发展 奋力开创中部地区崛起新局面 [N]. 人民日报 , 2019-05-23(1).

[6] 郭俊华 . 马克思经济学与西方经济学经济增长理论比较研究 [J]. 经济纵横 , 2010, (11).

[7] 贺晓宇 , 沈坤荣 . 现代化经济体系、全要素生产率与高质量发展 [J]. 上海经济研究 , 2018, (6).

[8] 黄速建 , 肖红军 , 王欣 . 论国有企业高质量发展 [J]. 中国工业经济 , 2018, (10).

[9] 贾俊生 . 习近平关于新发展格局的论述 [J]. 上海经济研究 , 2020, (12).

[10] 习近平 . 坚持人民至上 不断造福人民 把以人民为中心的发展思想落实到各项决策部署和实际工作之中 [N]. 人民日报 , 2020-05-23(1).

[11] 习近平 . 坚定不移走高质量发展之路 坚定不移增进民生福祉 [N]. 人民日报 , 2021-03-08(1).

[12] 金碚 . 关于“高质量发展”的经济学研究 [J]. 中国工业经济 , 2018, (4).

[13] 李梦欣 , 任保平 . 新时代中国高质量发展的综合评价及其路径选择 [J]. 财经科学 , 2019, (5).

[14] 刘鹤 . 必须实现高质量发展 [N]. 人民日报 , 2021-11-24(6).

[15] 刘培林 , 钱滔 , 黄先海 , 董雪兵 . 共同富裕的内涵、实现路径与测度方法 [J]. 管理世界 , 2021, (8).

[16] 刘志彪 , 凌永辉 . 结构转换、全要素生产率与高质量发展 [J]. 管理世界 , 2020, (7).

[17] 刘志彪 . 理解高质量发展：基本特征、支撑要素与当前重点问题 [J]. 学术月刊 , 2018, (7).

[18] 栾大鹏 , 张威 . 以新发展理念引领产业园区高质量发展 [J]. 人民论坛 , 2022, (14).

[19] 任保平 , 文丰安 . 新时代中国高质量发展的判断标准、决定因素与实现途径 [J]. 改革 , 2018, (4).

[20] 任晓猛 , 钱滔 , 潘士远 , 蒋海威 . 新时代推进民营经济高质量发展：问题、思路与举措 [J]. 管理世界 , 2022, (8).

[21] 时建中 . 高质量法治建设保障高质量发展——学习党的二十大报告关于高质量发展与全面依法治国的体会 [J]. 政法论坛 , 2022, (6).

[22] 孙智君 , 陈敏 . 习近平新时代经济高质量发展思想及其价值 [J]. 上海经济研究 , 2019, (10).

[23] 习近平 . 推动平台经济规范健康持续发展 把碳达峰碳中和纳入生态文明建设整体布局 [N]. 人民日报 , 2021-03-16(1).

[24] 习近平 . 推动形成优势互补高质量发展的区域经济布局 发挥优势提升产业基础能力和产业链水平 [N]. 人民日报 , 2019-08-27(1).

[25] 王瑞芬 . 新发展理念视角下经济高质量发展评价指标体系与评价方法研究综述 [J]. 现代商业 , 2022, (22).

[26] 王一鸣 . 百年大变局、高质量发展与构建新发展格局 [J]. 管理世界 , 2020, (12).

[27] 魏敏 , 李书昊 . 新时代中国经济高质量发展水平的测度研究 [J]. 数量经济技术经济研究 , 2018, 11.

[28] 习近平 . 关于《中共中央关于坚持和完善中国特色社会主义制度 推进国家治理体

系和治理能力现代化若干重大问题的决定》的说明 [N]. 人民日报 , 2019-11-06(4).

[29] 习近平 . 开放合作 命运与共 [M]. 北京：人民出版社 , 2019.

[30] 习近平 . 习近平谈治国理政 (第二卷)[M]. 北京：外文出版社 , 2017.

[31] 习近平 . 习近平谈治国理政 (第三卷)[M]. 北京：外文出版社 , 2020.

[32] 赵嘉鸣 , 杜尚泽 . 习近平出席二十国集团领导人第十三次峰会并发表重要讲话 [N]. 人民日报 , 2018-12-01(1).

[33] 杜尚泽 , 管克江 . 习近平出席二十国集团领导人第十四次峰会并发表重要讲话 [N]. 人民日报 , 2019-06-29(1).

[34] 习近平 . 在经济社会领域专家座谈会上的讲话 [N]. 人民日报 , 2020-08-25(2).

[35] 张军扩 , 侯永志 , 刘培林 , 何建武 , 卓贤 . 高质量发展的目标要求和战略路径 [J]. 管理世界 , 2019, (7).

[36] 张宪昌 . 习近平高质量发展观的理论特征 [J]. 理论视野 , 2020, (10).

[37] 张洋 . 深入学习坚决贯彻党的十九届五中全会精神 确保全面建设社会主义现代化国家开好局 [N]. 人民日报 , 2021-01-12(1).

[38] 赵剑波 , 史丹 , 邓洲 . 高质量发展的内涵研究 [J]. 经济与管理研究 , 2019, (11).

[39] 中共中央党史和文献研究院 . 习近平关于总体国家安全观论述摘编 [M]. 北京：中央文献出版社 , 2018.

[40] 中共中央文献研究室 . 十八大以来重要文献选编 [M]. 北京：中央文献出版社 , 2016.

[41] 周文 , 冯文韬 . 习近平新时代中国特色社会主义经济思想的时代价值与经济学理论贡献 [J]. 财经智库 , 2019, (6).